全国机械行业高等职业教育"十二五"规划教材
高等职业教育教学改革精品教材

JavaScript 网页特效案例教程

主　编　王　莹
副主编　印　梅　齐　燕
参　编　王海燕　瞿新南
主　审　苏宝莉

机械工业出版社

JavaScript 是一种简洁的、基于对象的、跨平台的脚本语言,目前广泛用于 Internet 客户端开发。本书介绍了 JavaScript 语言及网页特效制作的相关技术,内容包括 JavaScript 简单介绍,函数的应用,对象模型 DOM 和 BOM,内置对象,常用事件,CSS 样式表,框架,音频和 Flash,Ajax 技术。本书给出了丰富的案例,通过案例分析、相关知识、操作步骤、操作练习这四个点来讲解,并在最后给出一个综合演练案例。

本书可作为高职、高专院校教材,也可供中职、中专院校以及技术培训机构相关专业学生作为教材使用,同时可作为广大网页制作爱好者或制作特效网页的网络软件开发人员的参考资料。

凡选用本书作为教材的教师,均可登录机械工业出版社教育服务网 www.cmpedu.com 下载本教材配套电子教案与电子课件,或发送电子邮件至 cpmgaozhi@sina.com 索取。咨询电话:010-88379375。

图书在版编目(CIP)数据

JavaScript 网页特效案例教程/王莹主编. —北京:机械工业出版社,2011.11(2025.8 重印)
全国机械行业高等职业教育"十二五"规划教材. 高等职业教育教学改革精品教材
ISBN 978-7-111-34798-9

Ⅰ. ①J… Ⅱ. ①王… Ⅲ. ①JAVA 语言—程序设计—高等职业教育—教材 Ⅳ. ①TP312

中国版本图书馆 CIP 数据核字(2011)第 224187 号

机械工业出版社(北京市百万庄大街 22 号 邮政编码 100037)
策划编辑:崔占军 边 萌　责任编辑:崔占军 边 萌 杨作良
封面设计:鞠 杨　　　　　责任印制:常天培
河北虎彩印刷有限公司印刷
2025 年 8 月第 1 版第 12 次印刷
184mm×260mm・12.75 印张・312 千字
标准书号:ISBN 978-7-111-34798-9
定价:39.00 元

电话服务　　　　　　　　　网络服务
客服电话:010-88361066　　机 工 官 网:www.cmpbook.com
　　　　　010-88379833　　机 工 官 博:weibo.com/cmp1952
　　　　　010-68326294　　金　书　网:www.golden-book.com
封底无防伪标均为盗版　　　机工教育服务网:www.cmpedu.com

前　言

在 Web 2.0 时代，随着 XML、RSS、Ajax 等技术的涌现，JavaScript 语言的重要性日益凸显，再次成为网页设计的热门语言。JavaScript 为网站设计者提供了建立交互式页面的先进技术，在建立动态页面方面，有着其他工具不可比拟的优点。高职高专学生毕业后从事网站开发与维护工作的人很多，有必要学习 JavaScript 来提高网页的可视性和可读性。本书以工作任务为先导，以知识点为根据，以综合演练为延展，为高职教育的案例式教学提供良好的实例。

本书第 1 章首先介绍了 JavaScript 的历史、发展、执行原理和版本，然后重点讲述了使用 Dreamweaver 编写第一个 JavaScript 程序，讲解了 JavaScript 的基本语法。

第 2 章主要讲述函数基础，包括如何定义和调用函数，然后举了"购物车"、"四则运算器"的例子说明了单击按钮事件如何调用相应函数。

第 3 章讲述 JavaScript 的文档对象模型 DOM 和浏览器对象模型 BOM，讲了最主要的三个对象，并分别用案例说明了对它们的属性和使用方法。

第 4 章讲述 JavaScript 的内置对象，介绍了什么是对象和对象的创建和使用以及属性方法，然后分别详细地讲解 Date 对象、String 对象、Math 对象和 Array 对象的使用。

第 5 章讲述 JavaScript 中的常用事件及其相应的处理程序，有键盘鼠标事件、页面相关事件、表单事件、编辑事件。

第 6 章讲述 CSS 样式表，着重介绍文本属性 CSS、背景属性 CSS 和组合属性 CSS，列举了较为常见的网页特效，如树形菜单、卡片切换和二级下拉菜单。

第 7 章介绍了框架的使用和音频、视频的脚本控制方法。

第 8 章介绍了 Ajax 技术和异步请求处理的步骤，通过具体例子体会异步处理的好处。

第 9 章为综合演练，案例，是做一个模拟"淘宝"的一些页面特效设计，运用了本书之前所讲的全部知识。

本书主编是王莹，副主编是印梅、齐燕，参编是王海燕、瞿新南。第 1～第 3 章由印梅、齐燕编写，第 4 章由王海燕编写，第 9 章由瞿新南编写，第 5～第 8 章由王莹编写。全书由苏宝莉主审。

本书的特点是起点低，讲解细，案例尽量使用网页常见特效，较为实用。由于时间仓促、作者水平有限，在书的结构和内容上难免有不妥之处，恳请读者批评指正。

编者

目 录

前言

第1章 第一个 JavaScript 程序 ... 1
- 1.1 了解 JavaScript ... 1
- 1.2 安装使用 JavaScript 编写工具 ... 5
- 1.3 编写第一个 JavaScript 程序 ... 9
- 1.4 JavaScript 基本语法—— 变量与运算符 ... 14
- 1.5 JavaScript 基本语法—— 逻辑控制语句 ... 18
- 1.6 其他典型案例 ... 21
- 1.7 本章小结 ... 24

第2章 函数实现按钮单击事件 ... 25
- 2.1 定义和调用无参函数 ... 25
- 2.2 定义和调用有参函数 ... 32
- 2.3 超链接用作按钮 ... 37
- 2.4 JavaScript 内置函数 ... 39
- 2.5 其他典型案例 ... 41
- 2.6 本章小结 ... 45

第3章 对象模型 DOM 和 BOM ... 47
- 3.1 DOM 获得网页元素 ... 47
- 3.2 DOM 的 document 对象 ... 54
- 3.3 BOM 的 window 对象 ... 61
- 3.4 BOM 的 history 和 location 对象 ... 68
- 3.5 其他典型案例 ... 70
- 3.6 本章小结 ... 74

第4章 内置对象 ... 76
- 4.1 Date 对象 ... 76
- 4.2 String 对象 ... 79
- 4.3 Math 对象 ... 81
- 4.4 Array 对象（一维数组）... 84
- 4.5 Array 对象（二维数组）... 87
- 4.6 其他典型案例 ... 90
- 4.7 本章小结 ... 93

第5章 常用事件 ... 94
- 5.1 事件与事件处理程序的调用 ... 94
- 5.2 键盘鼠标事件 ... 95
- 5.3 页面相关事件 ... 101
- 5.4 表单事件 ... 105
- 5.5 编辑事件 ... 109
- 5.6 其他典型案例 ... 112
- 5.7 本章小结 ... 115

第6章 CSS 样式表 ... 116
- 6.1 CSS 样式表基础 ... 116
- 6.2 常用样式组合 ... 121
- 6.3 层的显示隐藏效果 ... 129
- 6.4 层的高级应用 ... 135
- 6.5 其他典型案例 ... 148
- 6.6 本章小结 ... 152

第7章 框架、音频和 flash ... 153
- 7.1 使用框架 ... 153
- 7.2 播放音频 ... 157
- 7.3 播放 flash ... 159
- 7.4 本章小结 ... 163

第8章 Ajax 技术 ... 164
- 8.1 Ajax 介绍 ... 164
- 8.2 XMLHttpRequest 对象 ... 165
- 8.3 操作练习 ... 168
- 8.4 本章小结 ... 172

第9章 "我的淘宝"网页特效实现 ... 173
- 9.1 案例描述 ... 173
- 9.2 网站首页 ... 173
- 9.3 会员登录 ... 184
- 9.4 会员注册 ... 186
- 9.5 个人账号管理 ... 188
- 9.6 宝贝展示和买卖 ... 191
- 9.7 购物车 ... 193

附录 ... 196
- 附录 A 对象参考 ... 196
- 附录 B JavaScript 资源 ... 197

参考文献 ... 198

第1章 第一个 JavaScript 程序

JavaScript 是 Netscape Communications 公司开发的一种脚本语言。它不需要进行编译，而是直接嵌入在 HTML 页面中，把静态页面转变成支持用户交互并响应事件的动态页面，实现网页的各种动态效果。

教学导航

知识目标	1．认识 JavaScript 的历史、功能 2．认识常用的 JavaScript 编写工具 3．了解 Dreamweaver 8.0 软件 4．熟悉掌握 JavaScript 基本语法
技能目标	1．写出第一个 JavaScript 脚本程序 2．会使用 Dreamweaver 进行编写和调试程序 3．会使用分支、循环结构
本章重点	1．了解 Dreamweaver 8.0 软件，熟悉其使用 2．使用 Dreamweaver 8.0 编写最简单的 JavaScript 程序 3．熟悉 JavaScript 基本语法
教学方法	案例教学　自主学习　探究训练
课时建议	6 课时

1.1 了解 JavaScript

1.1.1 相关知识

知识点 1：JavaScript 的应用

JavaScript 是 Netscape Communications 公司开发的一种非常重要的编程语言，它即是 Web 页面中的一种脚本编程语言，也是一种通用的、跨平台的、基于对象和事件驱动并具有安全性的脚本语言。JavaScript 不需要进行编译，而是直接嵌入在 HTML 页面中，通过解释执行，把静态页面转变成支持用户交互并响应事件的动态页面，可实现网页的各种动态效果，如表单验证、菜单选择、执行计算、图片特效、文字编辑等。

使用 JavaScript 脚本实现的动态页面，在 Web 上随处可见。下面介绍几种 JavaScript 常见的应用。

（1）验证用户输入的内容　使用 JavaScript 脚本语言可以在客户端对用户输入的数据进行验证。例如在制作用户注册信息页面时，要求用户确认密码，以确定用户输入的密码是否准确。如果用户在"确认密码"域输入的信息与"密码"域输入的信息不同，将弹出相应的提示信息，如图1-1所示。

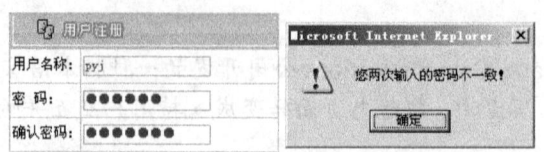

图 1-1　验证用户输入的内容

（2）窗口的应用　在打开网页时经常会看到一些浮动的广告窗口，这些广告窗口是网站最大的盈利手段。我们可以通过 JavaScript 脚本语言来实现浮动广告，如图1-2所示。

（3）和用户的动态交互　可视的伸缩菜单（见图1-3）可以方便用户查找。同类型的表单经常放到卡片切换选择中，如图1-4所示。

图 1-2　浮动广告 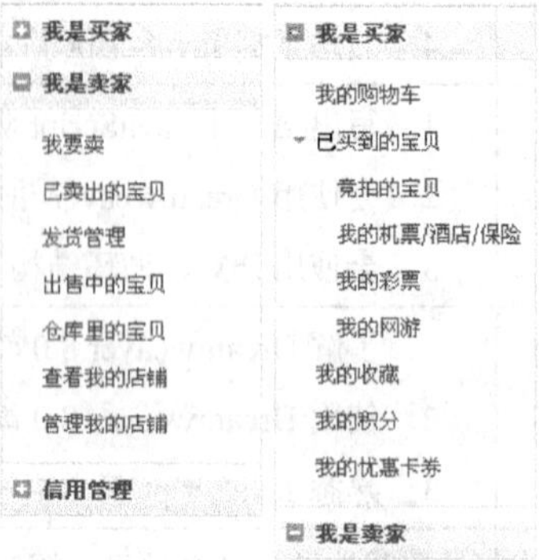　　　　　　　　图 1-3　伸缩菜单

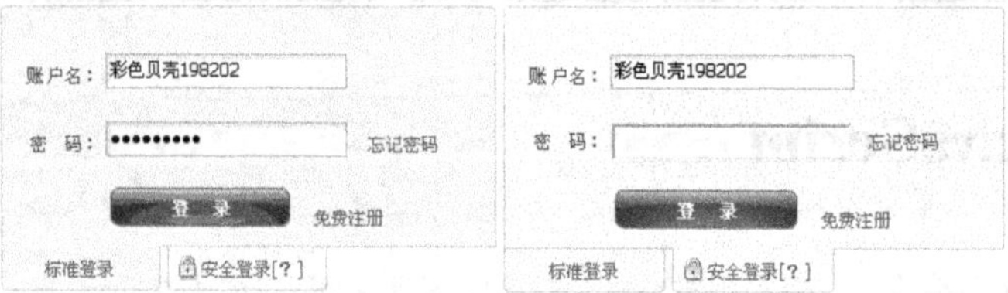

图 1-4　卡片切换选择

（4）各种创意制作　用 JavaScript 可以实现许多种特效。很多商业网站，比如阿里巴巴的淘宝网（http://www.taobao.com）、腾讯的拍拍网（http://www.paipai.com/）等，里面都有大量脚本语言实现的特效，如广告的轮换、按钮的动态效果等。

知识点 2：什么是 JavaScript

JavaScript 是一种基于对象（object-based）和事件驱动（event-driven）并具有安全性能的脚本语言。使用它的目的是与 HTML 超文本标记语言一起实现与 Web 用户的交互，从而可以开发客户端的应用程序。它嵌入在标准的 HTML 语言中，并弥补了 HTML 语言的不足。JavaScript 具有以下几个基本特点。

（1）脚本编写语言　JavaScript 是一种脚本语言，它采用小程序段的方式实现编程。像其他脚本语言一样，JavaScript 同样也是一种解释性语言，是在程序运行过程中被逐行地解释、执行的。它与 HTML 标识结合在一起，可以实现动态网页。

（2）基于对象　JavaScript 是一种基于对象的语言，它能运用自己创建的对象，因此许多功能可以来自于脚本环境中对象的方法与脚本的相互作用。

（3）简单　JavaScript 的简单性主要体现在：首先它的基本语法与 Java、C 等语言很相似，从而避免学习新的语法；其次是 JavaScript 采用了相对简单的特性，例如它的变量类型是采用弱类型，并未使用严格的数据类型。JavaScript 创作者可以不那么注重程序技巧。

（4）安全　JavaScript 是一种安全的语言，它不允许访问本地的硬盘，不能将数据存入到服务器上，不允许对网络文档进行修改和删除，只能通过浏览器实现信息浏览或动态交互，从而可避免恶意程序的破坏。

（5）动态　JavaScript 是动态的，它可以直接对用户的输入做出响应，无需经过 Web 服务程序；JavaScript 程序的执行不需要 Web 服务器通道。它对用户输入的响应，是采用事件驱动的方式进行的。执行了某种操作所产生的动作，被称为"事件"（event），比如单击鼠标、移动窗口、选择菜单等都可以视为事件。当事件发生后，就会有相应的处理程序对事件作出响应，这就是事件驱动。

（6）跨平台　JavaScript 依赖于浏览器，与操作环境无关，只要浏览器支持 JavaScript，就可正确执行，从而部分地实现了"编写一次，走遍天下"的梦想。

知识点 3：JavaScript 和 Java 的区别

虽然 JavaScript 与 Java 名字相似，却是完全不同的两种语言。Java 是 SUN 公司推出的新一代面向对象的程序设计语言，特别适合于 Internet 应用程序开发；而 JavaScript 是 Netscape 公司的产品，是为了扩展 Netscape Navigator 功能而开发的一种可以嵌入 Web 页面中的、基于对象和事件驱动的解释性语言。下面对两种语言间的异同作一些比较。

（1）基于对象和面向对象　Java 是一种真正的面向对象的语言，即使是开发简单的程序，也必须设计对象。JavaScript 是一种脚本语言，是一种基于对象和事件驱动的编程语言，它本身具有非常丰富的内部对象供设计人员使用。

（2）解释和编译　两种语言在浏览器中的执行方式不一样。

Java 的源代码在传递到客户端执行之前，必须经过编译，客户端上必须装有 Java 虚拟机以运行代码；JavaScript 是一种解释性编程语言，其源代码不需经过编译，而是将文本格式的字符代码发送给客户端由浏览器解释执行。

（3）强类型和弱类型　两种语言的类型模式不一样。Java 采用强类型变量检查，即所有变量在编译之前必须作声明。如：

```
Integer  x=1234;
String   y="4321";
```

其中 x 是一个 Integer 型的整数变量，y 是一个 String 型的字符串变量。

JavaScript 中变量，采用弱类型，即变量在使用前不需作声明，而是解释器在运行时检查其数据类型，如：

```
x=1234;
y="4321";
```

x=1234 说明 x 为数值型变量，而 y＝"4321"说明 y 为字符串型变量。

（4）代码格式不一样　Java 是一种与 HTML 无关的语言，其代码以字节码的形式保存在独立的文档中。如需在 HTML 页中引用 Java 代码，必须像引用外媒体那样进行装载。JavaScript 的代码是一种文本字符格式，可以直接嵌入在 HTML 文档中，并且可动态装载。

（5）嵌入方式不一样　在 HTML 文档中，两种编程语言的标记不同，JavaScript 使用<script>...</script>来标识，而 Java 使用<object>...</object>来标识。

（6）静态联编和动态联编　Java 采用静态联编，即 Java 的对象引用必须在编译时进行，以使编译器能够实现强类型检查。JavaScript 采用动态联编，即 JavaScript 的对象引用在运行时进行检查。

知识点 4：JavaScript 执行原理

在 Web 页面的访问过程中，浏览器客户端与服务器端采用请求/响应模式进行交互，如图 1-5 所示。

（1）分解过程

1）浏览器接收用户的请求，即用户在浏览器的地址栏输入访问地址。

2）向服务器请求某个包含 JavaScript（简称 JS）脚本的页面，浏览器把请求消息（要打开的页面信息）发送到服务器端，等待服务器端的响应。

3）服务器端向浏览器发送响应信息，即把含有 JavaScript 脚本的 HTML 文档发送到浏览器（客户端），然后由浏览器从上到下逐条解析 HTML 标记和 JavaScript 脚本，并显示页面效果呈现给用户。

（2）使用客户端脚本的好处

1）含客户端脚本的页面只要下载一次，减少不必要的网络通信。

2）客户端脚本程序是在浏览器中执行的，而不是由服务器执行的，因此可以减轻服务器的压力。

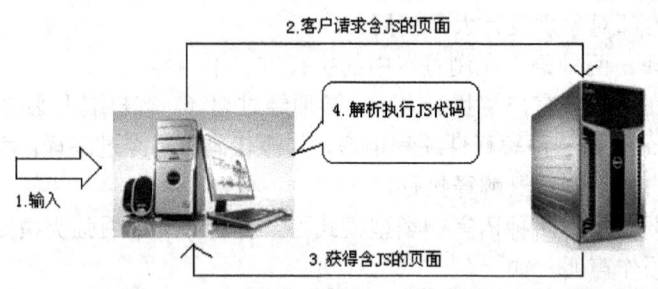

图 1-5　Web 页面的访问原理

知识点 5：JavaScript 的版本

JavaScript 语言最初在 Netscape Navigator 2.0 上发布，此后不断发展，陆续推出了多个版本，目前最新版本是 JavaScript 1.8。其中，JavaScript 1.5 有 Internet Explorer 6.0、Netscape Navigator 6.0 和 Firefox1.0 支持。JavaScript 1.6 目前有 Firefox1.5 支持。

欧洲计算机制造协会（ECMA）已经将 JavaScript 制定为标准，称为 ECMAScript，并确定了 ECMA—262 规范，JavaScript 1.5 遵循 ECMA—262 第 3 修订版。

1.1.2 典型例题解析

【例题 1-1】关于 JavaScript 的执行方式，下列说法正确的是（   ）。
A．编译执行　　　　　　　　　　　B．解释执行
C．在服务器端执行　　　　　　　　D．在客户端执行

【例题 1-2】JavaScript 目前最流行、通用性最强的版本是（   ）。
A．1.0 版本　　　　　　　　　　　B．1.5 版本
C．1.6 版本　　　　　　　　　　　D．1.7 版本

【例题 1-3】JavaScript 语言的特点是（   ）。
A．面向对象　　　　　　　　　　　B．基于对象
C．编译执行　　　　　　　　　　　D．解释执行

【例题 1-4】JavaScript 的基本特点有（   ）。
A．是脚本语言　　B．基于对象　　　C．简单性
D．安全性　　　　E．动态性　　　　F．跨平台性

【例题 1-5】说出 JavaScript 的执行步骤。

1.2　安装使用 JavaScript 编写工具

1.2.1　案例分析

到网上查询资料，了解 JavaScript 的编写工具。安装 Dreamweaver 8.0，熟悉常用的编辑功能。

1.2.2　相关知识

编写 JavaScript 脚本程序的工具有多种，可以编写 HTML 的工具就可以用于写 JavaScript 代码。常用工具主要包括记事本、FrontPage、Dreamweaver、Firebug、1st JavaScript Editor 和 UltraEdit 等。下面主要介绍前三种——记事本、FrontPage 和 Dreamweaver。

知识点 1：使用记事本

记事本是编写 JavaScript 代码的最简单的工具，可以用它做一些简单的文字处理和 JavaScript 代码的局部修改，但如果使用它编写一些复杂的 JavaScript 代码，则需要熟练掌握 JavaScript 的语法、对象等。

使用记事本编写 JavaScript 程序。

1）单击"开始"菜单，选择"程序"/"附件"/"记事本"选项，打开记事本。
2）在记事本的工作区域输入下列 HTML 文档内容。

以后就可以在此基础上输入 JavaScript 代码。

3）编辑完毕后，选择"文件"/"保存"命令，在打开的"另存为"对话框中，输入文件名，将其保存为.html 格式或.htm 格式，之后该文件就成为一个 Web 网页文件，双击该文件的图标，即可由浏览器显示出结果。

知识点 2：使用 FrontPage

FrontPage 是微软 Office 软件家族中的一款专业化的 Web 编程工具，用于在 HTML 文档和 ASP 文档内查看和编辑，还可以在文档中添加诸如 JavaScript 和 VBScript 之类的脚本，并调试该脚本。

下面介绍使用 FrontPage 编写 JavaScript 程序。

1）启动 FrontPage，并打开或新建任意一个 HTML 文档。

2）将工作视图切换到"网页"视图，并选择"HTML"选项卡。此时在工作区看到的是当前所编辑页面的 HTML 代码。

3）选择菜单栏中的"工具"/"宏"命令，然后在弹出的菜单中选择"Microsoft 脚本编辑器"命令，此时将打开 Microsoft 脚本编辑器，如图 1-6 所示。

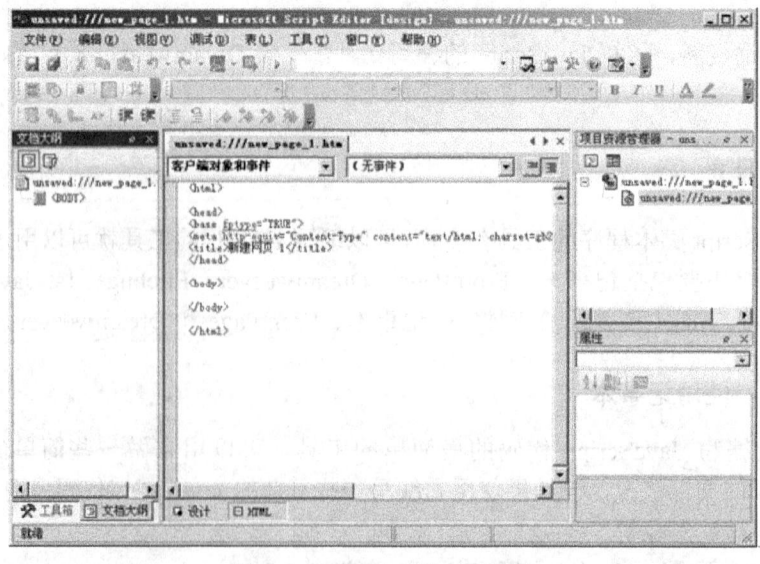

图 1-6　Microsoft 脚本编辑器

知识点 3：使用 Dreamweaver

Adobe 公司的 Dreamweaver 是建立 Web 站点的专业工具。该工具可以将可视化应用程序开发功能与代码编辑组合在一起，并且内置了一些 JavaScript 程序。

下面介绍如何使用 Dreamweaver 编写 JavaScript 程序。

1）安装 Dreamweaver 后，首次运行 Dreamweaver 时，展现给用户的是一个"工作区设置"的对话框，在此对话框中，用户可以选择自己喜欢的工作区布局，如"设计器"或"编码器"，如图 1-7 所示。这两者的区别是在 Dreamweaver 的右边或是左边显示窗口面板区。

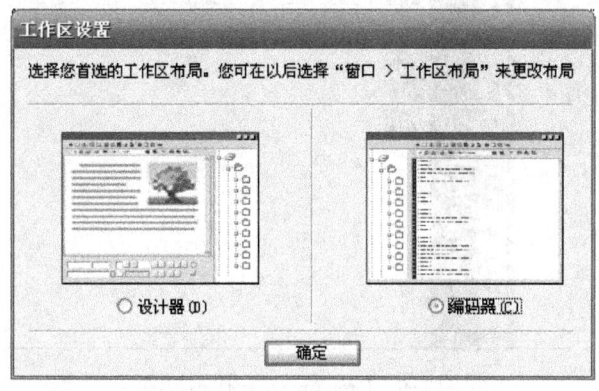

图 1-7　Dreamweaver 选择工作区布局

2）选择工作区布局，并单击"确定"按钮后，选择"文件"/"新建"命令，将打开"新建文档"对话框。在该对话框中的"类别"列表区选择"基本页"，再根据实际情况来选择所应用的脚本语言，这里选择的是"HTML"，然后单击"创建"按钮，创建以 JavaScript 为主脚本语言的文件，如图 1-8 所示。

图 1-8　Dreamweaver 创建新文件

3）在打开的页面中，有三种视图形式，分别为代码、拆分和设计。在代码视图中，可以编辑程序代码，如图 1-9 所示；在拆分视图中，可以同时编辑代码视图和设计视图中的内容，如图 1-10 所示；在设计视图中，可在页面中插入 HTML 元素，进行页面布局和设计，如图 1-11 所示。

4）保存为.htm 或者.html 文件，双击或者直接单击预览查看结果，如图 1-12 所示。

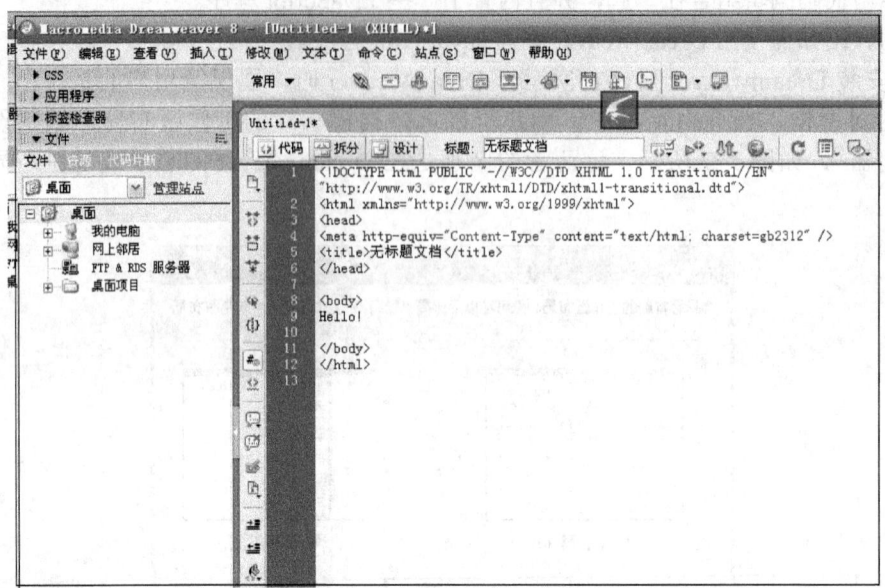

图 1-9　Dreamweaver 代码视图

图 1-10　Dreamweaver 拆分视图

第 1 章 第一个 JavaScript 程序

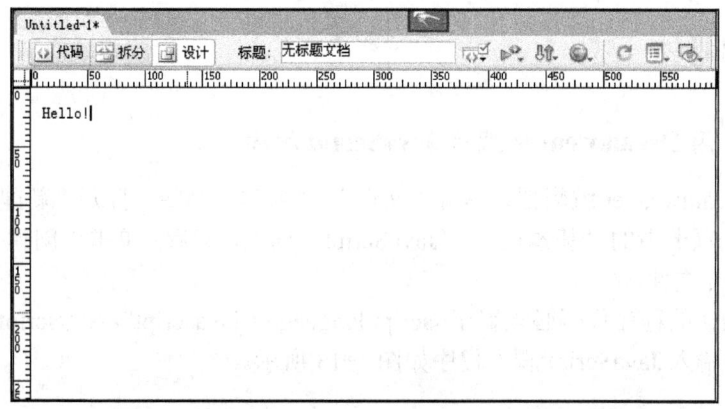

图 1-11　Dreamweaver 设计视图

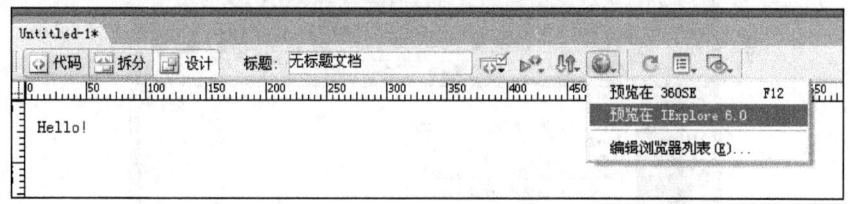

图 1-12　Dreamweaver 运行结果视图

1.2.3　典型例题分析

【例题 1-6】下列可以编写 JavaScript 的工具是（　　）。
A．记事本
B．Microsoft Word 2003
C．Adobe Dreamweaver 8.0
D．写字板

【例题 1-7】编辑 HTML 时，用记事本和用 Dreamweaver 有什么区别？

1.3　编写第一个 JavaScript 程序

1.3.1　案例分析

写出第一个含有 JavaScript 的 HTML 文档，功能是弹出一个欢迎对话框，并调试成功。
本案例涉及的知识点：
- 使用 Dreamweaver 编写网页
- 使用 JavaScript 的标记
- 预览网页和脚本运行效果
- 简单调试
- 使用 alert() 方法弹出对话框

1.3.2 相关知识

知识点 1：用 Dreamweaver 编写 JavaScript 程序

1）启动 Dreamweaver 编辑器，单击"文件"/"新建"命令，打开"新建文档"对话框，选择"常规"选项卡中的"基本页"/"JavaScript"选项，然后，单击"创建"按钮，即可创建一个 JavaScript 文件。

2）JavaScript 的程序代码必须置于<script language="javascript">和</script>标记之间。在 Dreamweaver 中输入 JavaScript 脚本程序如图 1-13 所示。

图 1-13　在 Dreamweaver 中输入 JavaScript 脚本程序

3）JavaScript 语言区分字母大小写。

4）在创建好 JavaScript 程序后，选择"文件"/"保存"命令，在弹出的"另存为"对话框中，输入文件名，将其保存为.html 格式或.htm 格式。双击刚刚保存的文件，在浏览器中输出运行结果，如图 1-14 所示。

```
<script language="javascrlpt">
    alert("我要学 JavaScript！");
</script>
```

图 1-14　在浏览器中输出运行结果

知识点 2：JavaScript 在网页文档中的位置

JavaScript 脚本代码在网页文档中的位置可以有三种情况。

1) 在网页文档的<script>和</script>标记对中直接编写 JavaScript 脚本代码。

这是用得最多的情况。<script></script>标记对的位置并不是固定的，可以出现在<head></head>之间或<body></body>之间的任何位置。在一个 HTML 文档中可以有多段 JavaScript 代码，每段 JavaScript 代码可以相互访问，这与将所有代码放入同一对<script></script>之间的效果是一致的。例如，下面的内容：

```
<html>
<body>
<script>
var x = "这是我的第一个 JavaScript 程序";
</script>
<p>这是一个段落<p>
<script>
alert(x);
</script>
</body>
</html>
```

与下面的内容显示效果是一样的：

```
<html>
<body>
<p>这是一个段落<p>
<script>
var x = "这是我的第一个 JavaScript 程序";
alert(x);
</script>
</body>
</html>
```

2) 将 JavaScript 脚本程序代码放置在一个单独的文件中，在网页文档中引用这个脚本程序。

我们还可以将 JavaScript 代码放置在一个单独的文件中，这个文件以 js 为扩展名，称作 JavaScript 脚本文件。

假设我们编辑了一个名为 firstScript.js 的脚本文件，文件内容如下：

```
var x ="这是我第一个 JavaScript 程序";
alert(x);
```

然后，我们在同一个目录下编辑一个 HTML 文档，调用这个脚本文件，文档内容如下：

```
<html>
<script src="firstScript.js"  language="javascript">
</script>
</html>
```

3）将脚本程序代码作为某个元素的事件属性值或超链接的 href 属性。

将脚本程序代码直接用作属性值。超链接标记<A>的 href 属性可以使用 JavaScript 代码：

    <a　href="javascript : alert('Hello JavaScript');">javascript</a>

单击这个超链接，浏览器就会执行"："后面的脚本程序代码。

JavaScript 扩展了标准的 HTML，为 HTML 记增加了各种事件属性。比如，对 button 而言，可以设置一个新的属性 onclick，onclick 的属性值就是一段 JavaScript 程序代码，当单击这个按钮后，onclick 属性中的 JavaScript 代码就会被浏览器解释执行，如下所示：

    <input　type=button　value=click　onclick="alert('Hello JavaScript');">

注　意

用作 URL 的 JavaScript 代码前要增加#，以说明使用的是 JavaScript 协议，但事件属性中的 JavaScript 程序代码前则不用增加#进行说明。

知识点 3：用 Dreamweaver 调试 JavaScript 程序

程序错误的类型分为语法错误和逻辑错误两种。

（1）语法错误　语法错误是在程序开发中使用不符合语法规则的语句而产生的错误。例如，错误地使用了 JavaScript 的关键字；错误地定义了变量名称等。这时，浏览器运行 JavaScript 程序就会报错。

例如，将上面程序中的 alert 函数的第一个字符由小写字母改成大写字母。

Alert("我要学 JavaScript！");

保存该文件后再次在浏览器中运行，将会弹出如图 1-15 所示的错误信息。

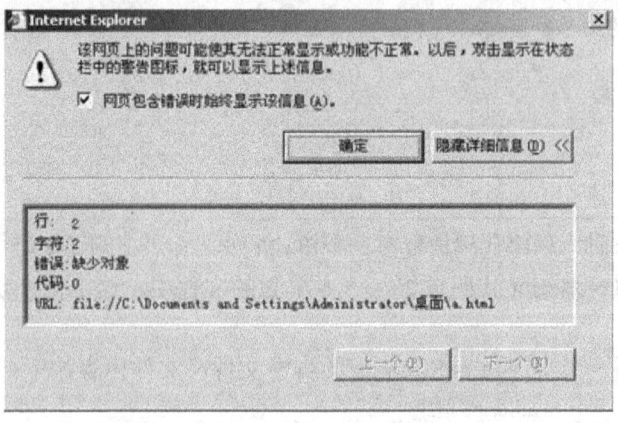

图 1-15　JavaScript 程序出错信息

（2）逻辑错误　有些时候，程序中不存在语法错误，也没有执行非法操作的语句，可是程序运行的结果却是不正确的，这种错误叫做逻辑错误。逻辑错误对于编译器来说并不算错误，但是由于代码中存在的逻辑问题，导致运行结果没有得到期望的结果。

对于逻辑错误而言，通常发现错误和查找错误的原因都很困难。因此，在编写程序的过程中，不但要注意语句或者函数的书写完整性，还要注意程序逻辑的正确性，否则将导致程序出错。

知识点 4：用 Firebug 调试 JavaScript 程序

1．Firebug 简介

Firebug 是网页浏览器 Mozilla Firefox 下的一款开发类插件，现属于 Firefox 浏览器的五星级强力推荐插件之一。它集 HTML 查看和编辑、JavaScript 控制台、网络状况监视器于一体，是开发 JavaScript、CSS、HTML 和 Ajax 的得力助手。Firebug 是个免费软件。

Firebug 是与 Firefox 集成的，所以首先要安装的是 Firefox 浏览器。安装好 Firefox 浏览器后，打开浏览器，选择菜单栏上的"工具"菜单，选择"附加软件"，在弹出的窗口中单击右下角的"获取扩展"链接。在打开的页面的 search 输入框中输入"firebug"。待搜索结果出来后单击 Firebug 链接，进入 Firebug 的下载安装页面。单击"安装"，安装完成后单击"立即重启"就可以使用该工具。也可以另外下载 Firebug 安装包，解压缩获得.XPI 文件，将其拖入到 Firefox 窗口中，等待几秒钟就会自动安装。安装时要注意 Firefox 与 Firebug 版本的匹配，本书的案例使用的是 Firefox 7.0.1 版本和 Firebug 1.8.4 版本。

2．语法错误排查

用 Firefox 浏览器打开一个.html 文件，如果该网页包含 JavaScript 页面，单击窗口右侧的"甲虫"debug 标记，就会出现 Firebug 调试界面，在控制台下显示语法错误，如图 1-16 所示。

比如该例子中使用了 int，不符合 JavaScript 语法，所以在控制台下有显示。单击灰色代码部分，就可以看见源代码的出错位置。

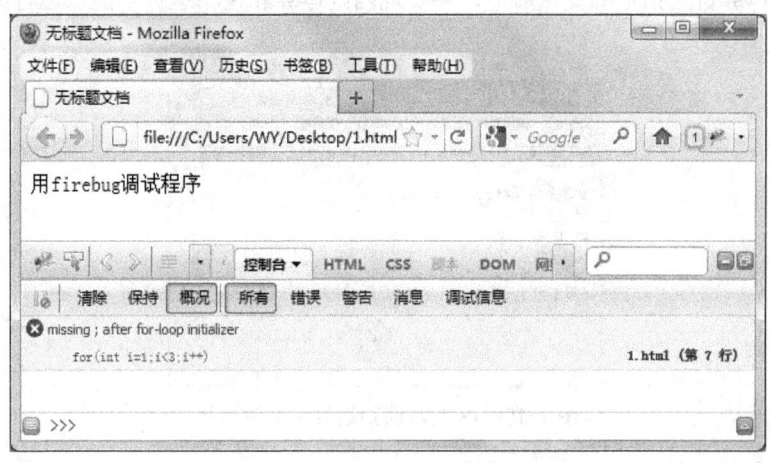

图 1-16　Firebug 调试语法错误

3．逻辑错误排查

排除掉语法错误后，就可以单击"控制台"右面的"脚本"选择卡，打开脚本代码部分，在想要进入"单步"的代码左边空白区单击，会出现一个红点，表示"断点"。在页面区域（写着"用 firebug 调试程序"的地方）单击鼠标右键，选择"重新载入"，或者单击地址栏右边的"重新载入"箭头标记，都可以进入"调试过程"，类似编写其他语言程序的"重新运行"。此时，单击 （单步进入标记），就可以一句一句地执行 JavaScript 脚本。在右侧的监控小窗口中，可以设置或者查看需要关注的变量，以达到观察和监控程序执行的目的。如图 1-17 所示。

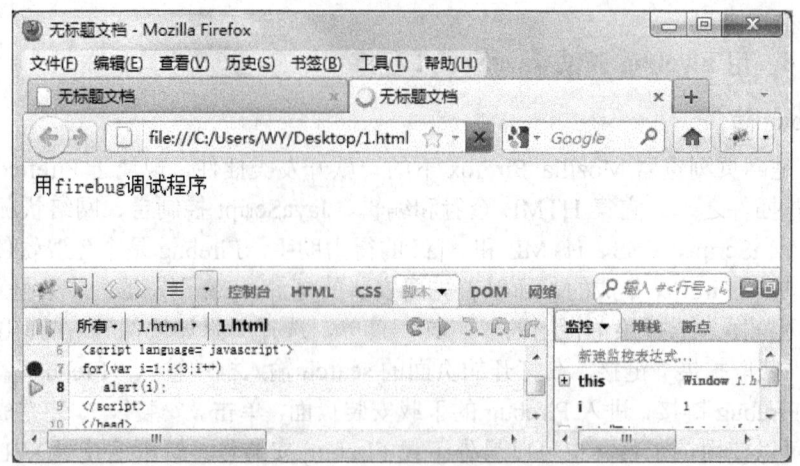

图 1-17 Firebug 单步调试

1.4 JavaScript 基本语法——变量与运算符

1.4.1 案例分析

使用赋值运算符给指定的变量赋值,并实现四则运算和逻辑运算功能。运行结果如图 1-18 所示。

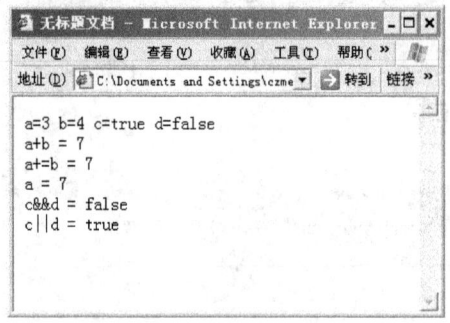

图 1-18 JS 实现四则运算和逻辑运算

本案例涉及的知识点:
- 定义变量并赋值
- 使用运算符
- 连接字符串
- 使用 document.write() 向 HTML 文档输出文本

1.4.2 相关知识

JavaScript 和我们学过的 Java、C 等语言一样,也是一种编程语言,所以它包含变量声明、变量赋值、运算符、逻辑控制语句等基本语法。下面我们学习 JavaScript 的基本语法。

知识点 1：变量声明和赋值

JavaScript 是一种弱类型语言，也就是在变量声明时不需要指定变量类型，变量的类型会由赋给变量的值决定。

在 JavaScript 中，变量是使用关键字 var 声明的。

var 合法的变量名；

var 是声明变量所使用的关键字。合法的变量名是遵守 JavaScript 命名规则的标识符。在 JavaScript 中，合法的标识符的命名规则和 Java 以及其他许多语言的命名规则相同，即第一个字符必须是字母或下划线（_）或美元符号（$），其后的字符可以是字母、数字或下划线、美元符号等。如：

my_name
_name
$str
n1

可以同时声明变量并为其赋值：

var number=10;

可以在一行中声明多个变量并为其赋值：

var a=10,b=20;

在 JavaScript 中，也可以不声明变量而直接使用：

x=9;

但我们不推荐这样的写法，因为这样容易导致写错的变量名被当成新的变量。使用变量之前一定声明变量，养成良好的编程习惯。

由于 JavaScript 是弱类型的语言，因此读者可以不必理会变量的数据类型，即可以把任意类型的数据赋值给变量。

声明一些变量，代码如下：

var variable=100;   //数值类型
var str="有一条路，走过了总会想起。";   //字符串类型
var blue=true;   //布尔类型

知识点 2：运算符

运算符是完成一系列操作的符号，JavaScript 的运算符按操作数可以分为单目运算符、双目运算符和多目运算符三种；按运算类型可以分为算术运算符、比较运算符、赋值运算符、逻辑运算符和条件运算符五种。

（1）算术运算符　算术运算符用于构成算术运算表达式。算术运算符包括加（+）、减（-）、乘（*）、除（/）、取模（%）（就是取余数）、自加（++）、自减（--）等。"+"还可以用于连接字符串，如"hello"+"world"的结果是"hello world"。

（2）比较运算符　比较运算符用来连接操作数来组成比较表达式。比较运算符的基本操作过程是：首先对操作数进行比较，然后返回一个布尔值 true 或 false。比较运算符包括>、<、>=、<=、==、!=。

（3）逻辑运算符　JavaScript 支持的常用逻辑运算符包括!、&、^、|、||、&&等。逻辑运算的结果为逻辑值 true 或者 false。

（4）赋值运算符　赋值运算符包括=、+=、–=、*=、/=。a+=b 的意思是 a=a+b。

（5）条件运算符　条件运算符是 ?：

表达式为：表达式 1 ? 表达式 2：表达式 3

先求解表达式 1，若其值为真（非 0），则将表达式 2 的值作为整个表达式的取值；否则（表达式 1 的值为 0）将表达式 3 的值作为整个表达式的取值。例如：

max=(a>b)?a:b

就是将 a 和 b 二者中较大的一个赋给 max。

运算符是有优先级的，JavaScript 中运算符的优先级见表 1-1。

表 1-1　JavaScript 中运算符的优先级

最高级	++，--
	+，-，++，--
	（type）（类型转换）
	!
	*，/，%
	+，-(双目运算)
	<，<=，>，>=
	==，!=
	&
	^
	|（无条件或）
	&&
	||
	?：
最低级	=，+=，-=，*=，/=，%=

知识点 3：注释

注释是描述部分程序功能或整个程序功能的一段说明性文字。注释不会被执行，其功能是帮助开发人员阅读、理解、维护和调试程序。JavaScript 注释分为单行注释和多行注释。

语法：

单行注释：

<script language="javascript">//表示 javascript 脚本开始

多行注释：

/*

　　注释的内容

*/

以上两种注释和 Java 及 C++语言中的注释相同。下面代码中的注释是 HTML 注释。

```
<html>
<body>
<script type="text/javascript">
<!--
document.write("Hello World!");
```

```
//-->
</script>
</body>
</html>
```

通过<!-- ...//-->标记，对于不认识 JavaScript 代码的浏览器，则所有在其中的内容均被忽略；若认识 JavaScript 代码，则执行该代码。

使用注释这是一个好的编程习惯，它使其他人可以读懂你的程序。

1.4.3 操作步骤

【步骤1】用 Dreamweaver 建立新 HTML 文档。

【步骤2】在<head></head>标记里的<title></title>标记里面，或者<body></body>标记里面，加上<script language="javascript"></script>标记。

【步骤3】在 script 标记里加上如下代码：

```
var a=3,b=4,c=true,d=false;//定义变量
document.write("a="+a+" b="+b+" c="+c+" d="+d+"<br>");
document.write("a+b = "+(a+b) +"<br>");
document.write("a+=b = "+(a+=b) +"<br>");
document.write("a = "+(a) +"<br>");
document.write("c&&d = "+(c&&d) +"<br>");
document.write("c||d = "+(c||d) +"<br>");
```


代表换行

【步骤4】单击预览，察看结果。

【步骤5】如果显示和结果不同，进行调试，主要看变量大小写和赋值符号的使用是否有误。

1.4.4 操作练习

使用算术运算符中的加、减运算符来计算表达式"a+b-c"的值，运行结果如图 1-19 所示。

图 1-19　a+b-c 的运行结果

完整代码如下：

```
<script language="javascript">
var a=1;
var b=2;
var c=3;
var result=a+b-c;
```

```
alert(" a=1,b=2,c=3\n a+b-c 的运算结果为："+result);
</script>
```

> **注意**
> 在 JavaScript 中可以使用运算符（+）对两个字符串进行连接运算，也就是将两个字符串连接起来。例如，"hello"+"world"的结果是"hello world"。

1.5 JavaScript 基本语法——逻辑控制语句

1.5.1 案例分析

利用 JavaScript 实现宝石图形。运行结果如图 1-20 所示。

图 1-20 宝石图形

本案例涉及的知识点：
- 使用循环控制语句
- 使用 document.write()向 HTML 文档输出文本

1.5.2 相关知识

知识点 1：分支控制语句

（1）条件语句 if 语句是最基本、最常用的条件控制语句。通过判断条件表达式的值为 true 或者 false，来确定是否执行某一条语句。

语法：
```
if(expression){
    statement
}
```
当 expression 的值是 true 时执行大括号{}中的 statement，当 expression 的值是 false 时不执行大括号{}中的内容。

if…else 语句是 if 语句的标准形式，在 if 语句简单形式的基础之上增加一个 else 从句，当 expression 的值是 false 时则执行 else 从句中的内容。

语法：
```
if(expression){
    statement1
}else{
    statement2
}
```
在 if 语句的标准形式中，首先对 expression 的值进行判断，如果它的值是 true，则执行 statement1 语句块中的内容，否则执行 statement2 语句块中的内容。

（2）switch 语句　switch 是典型的多路分支语句，其作用与嵌套使用 if 语句基本相同，但 switch 语句比 if 语句更具有可读性，而且 switch 语句允许在找不到任何匹配条件的情况下执行默认的一组语句。

语法：
```
switch (expression){
    case judgement1:
        statement1;
        break;
    case judgement2:
        statement2;
        break;
    …
    default:
        defaultstatement;
        break;
}
```
switch 语句工作原理是：首先获取 expression 的值，然后查找与这个值匹配的 case 标签。如果找到相应的标签，则开始执行 case 标签后的代码块中的第一条语句，直到遇到 break 语句终止 case 标签；如果没有找到任何与这个 expression 值相匹配的 case 标签，则执行 default 标签（特殊情况下使用的标签）后的第一条语句；如果没有 default 标签，则跳过所有的代码块。

知识点 2：循环控制语句

（1）for 语句　for 语句是 JavaScript 语言中应用比较广泛的循环语句。通常 for 语句使用一个变量作为计数器来指定执行循环的次数，这个变量就称为循环变量。

语法：
```
for ( initialize; test; increment ){
statement
}
```
for 语句可以使用 break 语句来终止循环语句的执行。break 语句默认情况下是终止当前的循环语句，而当 break 语句与带标签语句同时使用时就可以终止由带标签语句标注的循环语句。

（2）while 语句　while 语句是基本的循环语句，也是条件判断语句。

语法：

```
while (expression){
    statement
}
```

当条件表达式 expression 的值为 true 时,执行大括号{}中的语句,当执行完大括号{}中的语句后,再次检查条件表达式的值,如果还为 true,则再次执行大括号{}中的语句,如此反复执行,直到条件表达式的值为 false,结束循环,继续执行 while 循环后面的代码。

1.5.3 操作步骤

【步骤1】用 Dreamweaver 建立新 HTML 文档。

【步骤2】在<head></head>标记里的<title></title>标记里面,或者<body></body>标记里面,加上<script language="javascript"></script>标记。

【步骤3】在 script 标记里加上如下代码:

```
var i,j;
for(i=1;i<=6;i++)
{
    document.write("<center>");
    for(j=1;j<=2*i-1;j++)
        document.write("*");
    document.write("</center>");
    document.write("<br>");
}
```

【步骤4】单击预览,察看结果。

【步骤5】如果显示和结果不同,进行调试,主要看变量大小写和赋值符号的使用是否有误。

1.5.4 操作练习

下面使用 while 循环语句将指定的字符串进行输出,运行结果如图 1-21 所示。

图 1-21 while 循环语句运行结果

完整代码如下:

```
<script language="javascript">
```

```
i=1;              //定义一个变量i，初始值为1
while(i<5){       //应用while循环语句，当i的值小于5时执行下面的内容
    document.write("<H"+i+">坚持就是胜利</H"+i+">") ;
    ++i;          //更新变量i的值
}
</script>
```

1.6　其他典型案例

【案例 1-1】判断学生的分数 score，90 分以上为优秀，80～90 分为良好，70～80 分为中等，60～70 分为及格，60 分以下为不及格，如图 1-22 所示。

图 1-22　案例 1-1 的运行结果

提示：
获得用户输入的分数可以用 prompt("请输入分数")；
参考代码：

```
<script language="javascript">
var score=prompt("请输入分数","在这里输入");
if(score!=null)
{
    if(score>90)
        alert("优秀");
    else if(score>80)
        alert("良好");
    else if(score>70)
        alert("中等");
    else if(score >60)
        alert("及格");
    else
        alert("不及格");
```

}
</script>

【案例1-2】将一张小图片以3×3的布局平铺在网页上,如图1-23所示。

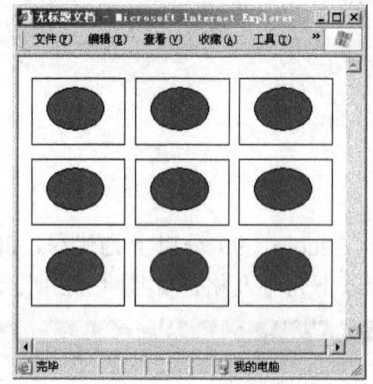

图1-23 案例1-2的运行结果

提示:

可以用 document.write()向 HTML 文档动态输出表格标记,同时利用循环结构在表格单元格中放入图片。

参考代码:

```
<script language="javascript">
var i,j;
document.write("<table>");
for(i=1;i<=3;i++)
{
    document.write("<tr>");
    for(j=1;j<=3;j++)
        document.write("<td><img src='1.bmp' /></td>");

    document.write("</tr>");
}
document.write("</table>");
</script>
```

【案例1-3】编写程序,实现以下数列的前30个。效果如图1-24所示。

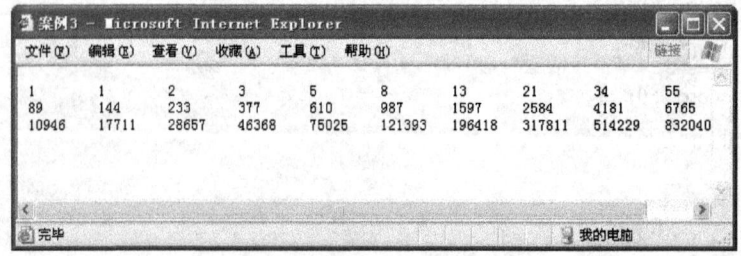

图1-24 案例1-3的运行结果

提示：该数列满足：从第三个数字开始，每个数字都是其前面两个数字的和，并且每10个数字换行。

参考代码：

```
<script language="javascript">
var f1=1,f2=1;
var f3;
var number=2;
document.write("<pre>");
document.write(f1+"\t"+f2+"\t");
while(number<30)
{
    number++;
    f3=f1+f2;
    document.write(f3+"\t");
    if(number%10==0)
        document.write("<br>");
    f1=f2;
    f2=f3;
}
document.write("</pre>");
</script>
```

【案例1-4】判断年份是否为闰年。结果如图1-25所示。

图1-25 案例1-4的运行结果

提示：闰年为能被400整除或者被4整除且不被100整除的年份。

参考代码：

```
<script language="javascript">
var year;
do{
year=prompt("请输入年份","2010");
}while(year==null);
if(year%400==0||(year%4==0&&year%100!=0))
    alert(year+"是闰年");
```

```
        else
            alert(year+"不是闰年");
</script>
```

1.7　本章小结

　　本章第 1.1 节介绍了 JavaScript 的基础知识，包括 JavaScript 的应用领域、来源和发展状况、与 Java 语言的相同点和不同点、JavaScript 的执行原理和版本情况。读者可以借此认识到学习 JavaScript 的必要性。

　　第 1.2 节介绍了 JavaScript 的常用编写工具，有记事本、FrontPage 和 Dreamweaver 等。详细讲述了如何使用这几种编写工具。

　　第 1.3 节和读者一起开始用 Dreamweaver 8.0 编写第一个 JavaScript 程序，重点讲解了如何使用 Dreamweaver 8.0 编写 JavaScript，JavaScript 在网页文档中的几种分布位置以及常用的调试软件及方法。

　　第 1.4 节和第 1.5 节学习了 JavaScript 的基本语法，包括变量的定义和赋值，运算符及其优先级，JavaScript 中的注释，JavaScript 中的分支和循环的语句。

　　通过本章的学习，读者可以使用 Dreamweaver 8.0 编写简单的 JavaScript 脚本程序，并能够进行调试和运行。

第 2 章　函数实现按钮单击事件

函数实质上是可以作为一个逻辑单元对待的一组相关 JavaScript 语句。因为函数可以把一个完整的程序划分成不同的逻辑单元，所以能使 JavaScript 程序更加简洁，逻辑更清晰。本章学习使用按钮单击事件调用函数，来实现网页动态功能。

教学导航

知识目标	1．了解什么是函数 2．掌握函数的定义和调用 3．函数参数和函数返回值的使用 4．掌握 JavaScript 中的内置函数 5．掌握单击事件的响应方法
技能目标	1．定义和调用函数 2．获得文本框的值 3．实现按钮单击调用函数 4．响应单选按钮的单击事件 5．实现超链接取代按钮
本章重点	函数的定义和调用 实现单击事件 超链接替代按钮
教学方法	案例教学　自主学习　探究训练
课时建议	8 课时

2.1　定义和调用无参函数

2.1.1　案例分析

编写函数求出淘宝网宝贝搜索结果，结果如图 2-1 所示。

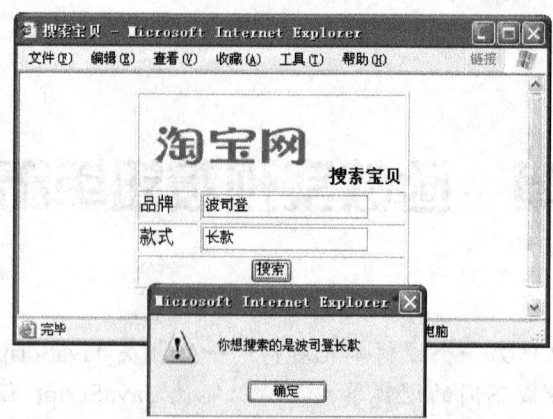

图 2-1 搜索淘宝网的运行结果

本案例涉及的知识点：
- 无参函数的定义
- 无参函数的调用
- 单击按钮调用函数
- 获得文本框的值

2.1.2 相关知识

知识点 1：什么是函数

在计算机程序中通常包含由多条语句组成的逻辑单元，在一些语言中这样的单元被称作过程或者方法，然而在 JavaScript 程序设计中这样的单元被称为函数。函数实质上就是可以作为一个逻辑单元对待的一组相关的 JavaScript 语句。在 JavaScript 程序中使用函数可以使代码更为简洁并可以重用。

知识点 2：函数的定义

函数是由关键字 function、函数名、一组参数以及置于大括号中需要执行的一段语句定义的。函数与其他的 JavaScript 代码一样，必须位于<script></script>标记之间，函数的基本语法如下：

```
<script language="javascript">
    function functionName(parameters){
        some statements;
    }
</script>
```

functionName：函数名称。
parameters：参数名称。无参函数的参数为空。

例 2-1：下面的代码定义了一个函数。

```
<script language="javascript">
```

```
function
print(){
alert("hello");//弹出对话框
}
</script>
```

知识点 3：函数调用

函数的定义语句通常被放在 HTML 文件的<head>段中，而函数的调用语句通常被放在<body>段中，如果在函数定义之前调用函数，程序执行将会出错。

语法：

```
<html>
<head>
<script type="text/javascript">
function functionName(parameters){
    some statements;
}
</script>
</head>
<body>
<script type="text/javascript">
functionName(parameters);
</script>
</body>
</html>
```

例 2-2：下面演示如何调用无参函数，运行结果如图 2-2 所示。

图 2-2　无参函数的运行结果

例 2-2 完整代码如下：

```
<html>
<head>
<title>函数的简单应用</title>
<script language=javascript>
function print(){
    alert("hello");
}
```

```
</script>
</head>
<body>
<script language=javascript>
print();
</script>
</body>
</html>
```

知识点 4：按钮事件

当用户单击某个按钮或某个复选框时都将触发事件，通过编写程序对事件做出反应称为响应事件。当用户单击按钮时，将触发 onclick 事件，在例 2-3 中，与此事件相关联的函数为 function1。那么按钮响应单击事件的代码如下。

例 2-3：单击按钮弹出 "Hello！"，如图 2-3 所示。

图 2-3　单击按钮事件的运行结果

例 2-3 完整代码如下：

```
<html xmlns="http://www.w3.org/1999/xhtml">
<head>
<script language="javascript">
function function1()
{
    alert("hello!");
}
</script>
<body>
<input type="button" name="Submit" value="请点击我" onclick="function1()"/>
</body>
</html>
```

知识点 5：获得文本框的值

文本框是网页中常见的控件之一，编写 JavaScript 程序经常需要获得文本框的内容，常见的方法有两种。

一种方法是不添加表单，使用 document.all.item(name)获得控件，但这种方法有兼容性问题存在。

```
<input name="text1" type="text" value="hello" />
<input type="button" name="Submit" value="显示文本框的值 " onclick="alert(document.all.item('text1').value)"/>
```

另一种方法是添加表单，在表单内添加控件，然后用 DOM 方法来获得控件。类似于一层层地获得控件。DOM 结构将在第 3 章介绍。

```
<form name="form1" method="post" action="">
  <input name="text1" type="text" value="hello" />
  <input type="button" name="Submit" value="显示文本框的值" onclick="alert(document.form1.text1.value)"/>
</form>
```

2.1.3 操作步骤

【步骤 1】用 Dreamweaver 建立新 HTML 文档。

【步骤 2】在 Dreamweaver 的设计里插入一个表单，在表单里放入表格，在表格的布局下放入图片、文字、文本框和按钮（按钮的动作设成"无"），布局如图 2-4 所示。

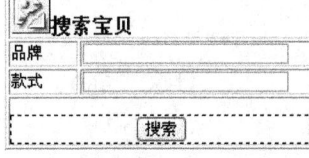

图 2-4 搜索宝贝页面的布局

【步骤 3】在 button 内加上如下代码：

```
<input
type="button"
name="Submit"
value="搜索"
onclick="mysearch()">
```

在 head 里加入 script 标记，标记，并加入如下代码：

```
function mysearch()
{
    var text1=document.form1.pinpai.value;
    var text2=document.form1.kuanshi.value;
    alert("你想搜索的是"+text1+text2);
}
```

> 获得文本框的值，form1 是表单的名字，pinpai 是第一个文本框的名字，value 是指值。

完整代码如下：

```
<html>
<script language="javascript">
```

```
function mysearch()
{
    var text1=document.form1.pinpai.value;
    var text2=document.form1.kuanshi.value;
    alert("你想搜索的是"+text1+text2);
}
</script>
<body>
<form name="form1" method="post" action="">
  <table width="253" border="1" align="center">
    <tr>
      <td >品牌</td>
      <td>
        <input type="text" name="pinpai">
      </td>
    </tr>
    <tr>
      <td>款式</td>
      <td><label>
        <input type="text" name="kuanshi">
      </label></td>
    </tr>
    <tr>
      <td colspan="2"><label>
        <input type="button" name="Submit" value="搜索" onclick="mysearch()">
      </td>
    </tr>
  </table>
</form>
</body>
</html>
```

（onclick 事件调用函数）

2.1.4 操作练习

实现如下轮换广告特效：当按"<"和">"按钮时实现中间文本框中广告的轮换，如图2-5所示。

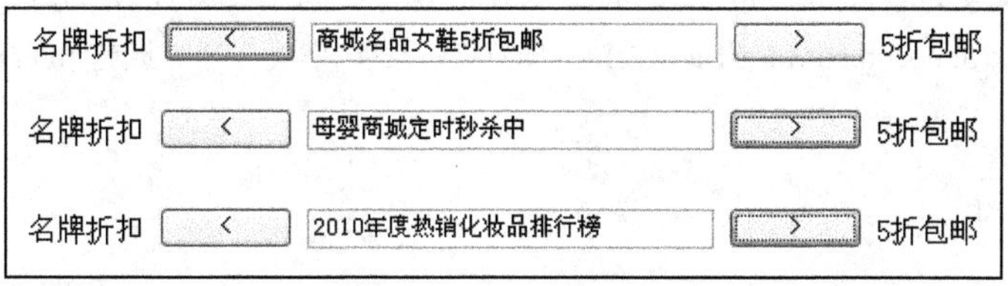

图 2-5　轮换广告

思路：

有多条广告需要轮换，按动左边按钮显示上一条，按动右边按钮显示下一条。这就需要设置一个全局变量，也就是不在函数内的变量，用来存储目前变到第几条广告。这里我们设置一个 flag 作为存储值，当 flag 为 n，就显示第 n 条广告。当按左边按钮，flag 减 1，再显示第 flag 条广告；当按右边按钮，flag 加 1，再显示第 flag 条广告。只要保证 flag 的范围为 1～5（假设只有 5 条广告）即可。

操作步骤：

【步骤 1】 用 Dreamweaver 建立新 HTML 文档。

【步骤 2】 在 Dreamweaver 的设计里插入一个表单，在表单里放入表格，在表格的布局下放入文字、文本框（带有初始值）和按钮（按钮的动作设成"无"），如图 2-6 所示。

图 2-6　轮换广告的设计图

【步骤 3】 在按钮上加入如下代码：

```html
<input type="button" name="Submit" value="  &lt;  " onclick="left()"/>
<input type="button" name="Submit2" value="  &gt;  " onclick="right()"/>
```

【步骤 4】 在<head>标记里加入如下代码：

```javascript
<script language="javascript">
var flag=1;
function left()
{
    if(flag!=1)
        flag--;
    switch(flag)
    {
        case 1: document.form1.adv.value="42 吋液晶电视 3388 疯";break;
        case 2: document.form1.adv.value="商城名品女鞋 5 折包邮";break;
        case 3: document.form1.adv.value="母婴商城定时秒杀中";break;
```

```
            case 4: document.form1.adv.value="2010 年度热销化妆品排行榜";break;
            case 5: document.form1.adv.value="\"灯\"堂入室 华美好灯 2 折起";break;
        }
    }
    function right()
    {
        if(flag!=5)
            flag++;
        switch(flag)
        {
            case 1: document.form1.adv.value="42 吋液晶电视 3388 疯";break;
            case 2: document.form1.adv.value="商城名品女鞋 5 折包邮";break;
            case 3: document.form1.adv.value="母婴商城定时秒杀中";break;
            case 4: document.form1.adv.value="2010 年度热销化妆品排行榜";break;
            case 5: document.form1.adv.value="\"灯\"堂入室 华美好灯 2 折起";break;
        }
    }
</script>
```

> 转义字符，表示双引号，在双引号内不能直接写双引号。

2.2 定义和调用有参函数

2.2.1 案例分析

实现如下特效：当改变充值面值的时候，折后价跟着改变。运行结果如图 2-7 所示。

本案例涉及的知识点：
- 有参函数的定义
- 有参函数的调用
- 单击单选按钮调用函数

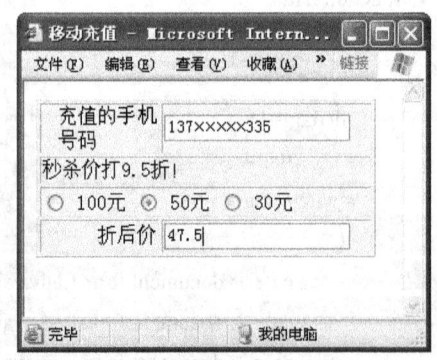

图 2-7 手机充值的运行结果

2.2.2 相关知识

知识点 1：有参函数的定义和调用

在 2.1.2 节中已经学习了有关无参函数的定义和调用，这里主要举例说明有参函数区别于无参函数的地方。

语法：

```
<html>
<head>
<script type="text/javascript">
    function functionName(parameters){
        some statements;
}
</script>
</head>
<body>
<script type="text/javascript">
    functionName(parameters);
</script>
</body>
</html>
```

functionName：函数名称。

parameters：参数名称。

例 2-4：下面演示如何调用有参函数，运行结果如图 2-8 所示。

图 2-8 有参函数调用的运行结果

例 2-4 完整代码如下：

```
<html>
<head>
<title>函数的简单应用</title>
<script language=javascript>
function Print(parameter1,parameter2,parameter3){
    alert(parameter1+parameter2+parameter3);
}
</script>
</head>
<body>
<script language=javascript>
print("JavaScript 网页特效案例教程","学习好帮手","专业工具书");
```

此处的加号表示字符串的相连

```
</script>
</body>
</html>
```

在上述代码中，调用函数的语句将字符串"JavaScript 网页特效案例教程"、"学习好帮手"和"专业工具书"，分别赋予变量 parameter1、parameter2 和 parameter3。

知识点 2：单选按钮单击事件

本案例用到了单选按钮（radio）。单选按钮就是一组按钮中只能有一个被选中，比如获得性别、选择职业、选择学历等只能做出唯一选择的内容应使用单选按钮。通过给一系列单选按钮起同样的名字使其成为"一组"。

选择单选按钮的事件也是 onclick 事件。调用函数的方法同调用按钮 onclick 事件的函数的方法一样。单选按钮 radio 具有重要属性 value，里面存放按钮所代表的值。还有一个属性是 checked，checked 为 true，则表示该按钮被选中。

2.2.3 操作步骤

步骤如下：

【步骤1】在 HTML 文档中加入表单，表单内放入表格，通过拆分表格布局好页面。

【步骤2】修改单选按钮的名字，使其相同。这样才可以实现该组按钮的单选功能。价格文本框名字为 price。

【步骤3】给单选按钮添加 value。

```
<input name="radiobutton" type="radio" value="100">100 元
```

【步骤4】在单选按钮标记里写函数调用语句。

```
<input name="radiobutton" type="radio" value="100" checked onclick="myselect(this.value)"> 100 元
<input name="radiobutton" type="radio" value="50" onclick="myselect(this.value)"> 50 元
<input type="radio" name="radiobutton" value="30" onclick="myselect(this.value)"> 30 元
```

在<head>标记里写函数的定义。

```
function myselect(num)
{
    document.form1.price.value=num*0.95;//
}
```

【步骤5】运行。

注 意

1）单选按钮的名字要保持一致。比如代码中三个单选按钮的名字都为"radiobutton"。

2）单选按钮被按下时触发的也是 onclick 事件，调用函数与按钮单击事件类似。

3）onclick="myselect（this.value）"这句函数调用语句中的 this 指的是当前所在控件，".value"是获得控制的值，所以这里的参数就是每个单选按钮对应的面值。

完整参考代码如下：

```html
<html>
<head>
<script language="javascript">
function myselect(num)
{
    document.form1.price.value=num*0.95;
}
</script>
</head>
<body>
<form name="form1" method="post" action="">
  <table width="277" border="1" background="充值背景.JPG">
    <tr>
      <td width="93"><div align="right">充值的江苏移动号码</div></td>
      <td width="168"><label>
        <input type="text" name="textfield">
      </label></td>
    </tr>
    <tr>
      <td colspan="2">秒杀价打 9.5 折！</td>
    </tr>
    <tr>
      <td colspan="2">
        <input name="radiobutton" type="radio" value="100" checked onclick="myselect(this.value)"> 100 元
        <input name="radiobutton" type="radio" value="50" onclick="myselect(this.value)"> 50 元
        <input type="radio" name="radiobutton" value="30" onclick="myselect(this.value)"> 30 元
      </td>
    </tr>
    <tr>
      <td>折后价</td>
      <td>
        <input name="price" type="text" value="95">
      </td>
    </tr>
  </table>
</form>
```

> 面值要自己添加

```
</body>
</html>
```

2.2.4 操作练习

选择不同的运送方式,就产生不同的运费,运行结果如图 2-9 所示。

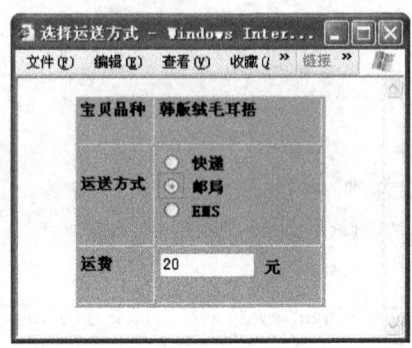

图 2-9 选择运送方式的运行结果

完整参考代码如下:

```
<html xmlns="http://www.w3.org/1999/xhtml">
<head>
<title>选择运送方式</title>
<script language="javascript">
function showprice(price)
{
    document.form1.price.value=price;
}
</script>
</head>
<body>
<form name="form1" method="post" action="">
        <input name="radio" type="radio" value="8" checked onclick="showprice(this.value)"> 快递
        <input type="radio" name="radio" value="20" onclick="showprice(this.value)"> 邮局
        <input type="radio" name="radio" value="15" onclick="showprice(this.value)"> EMS
        <input name="price" type="text" value="8" size="10" maxlength="10">元
</form>
</body>
</html>
```

2.3 超链接用作按钮

2.3.1 案例分析

做一个改变背景颜色的效果,如图 2-10 所示。

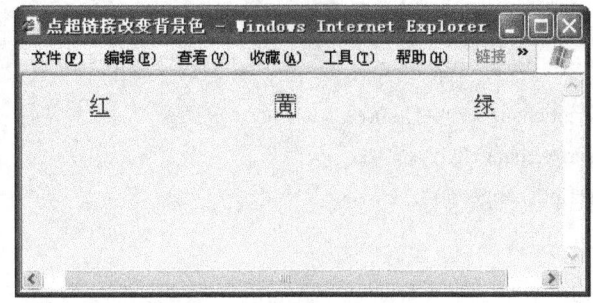

图 2-10 超链接改变背景颜色

本案例涉及的知识点:
- 超链接的使用
- 单击超链接调用函数
- document.bgcolor 的使用

2.3.2 相关知识

知识点 1:超链接当按钮使用

函数除了可以在响应事件中被调用之外,还可以在链接中被调用。在<a>标记中的 href 属性中使用 javascript:关键字调用函数,当用户单击这个链接时,相关函数将被执行。
<a href = "javascript:functionname(parameters) ">超链接内容</a>

知识点 2:document.bgcolor

document.bgcolor 代表网页的背景颜色。网页中的颜色可以用英文单词表示,比如 red,也可以用 RGB 数值来表示。当在代码区域写颜色属性时,Dreamweaver 8 会自动弹出选色板,如图 2-11 所示。

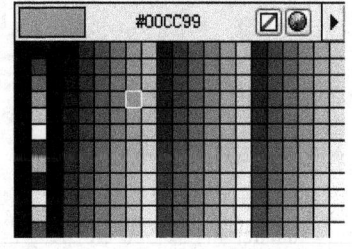

图 2-11 Dreamweaver 8 的选色板

2.3.3 操作步骤

在设计区域添加超链接后,在编码区域写入如下脚本:

```
function change(color){
    if(color=="r"){
        document.bgColor="red";
    }else if(color=="y"){
        document.bgColor="yellow";
    }else   if(color=="g"){
        document.bgColor="green"
    }
}
……………
    <a href="javascript:change('r')">红</a>
    <a href="javascript:change('y')">黄</a>
    <a href="javascript:change('g')">绿</a>
```

2.3.4 操作练习

在 2.2.4 节操作练习的基础上修改成如下效果：单击运送方式可以改变运费，单击"好了，我要提交订单"可以弹出订单对话框，如图 2-12 所示。

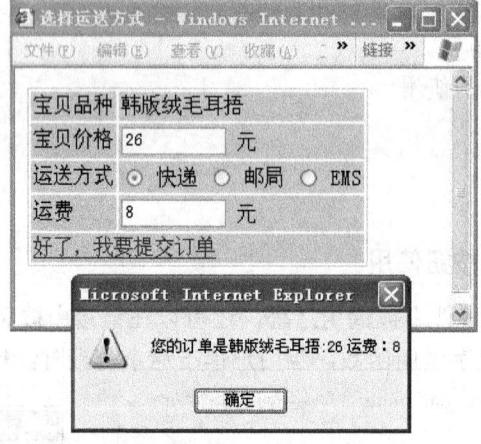

图 2-12 超链接提交订单

运费的自动变化见 2.2.4。
需要添加的参考代码如下：
函数定义部分：

> price1 和 price2 分别是两个文本框的名字

```
function tj()
{
    alert("您的订单是韩版绒毛耳捂:"+document.form1.price1.value+"运费: "+document.form1.price2.value);
}
```
函数调用部分：
```
<a href="javascript:tj()">好了，我要提交订单</a>
```

2.4　JavaScript 内置函数

2.4.1　案例分析

完成购物车的计算功能，运行效果如图 2-13 所示。

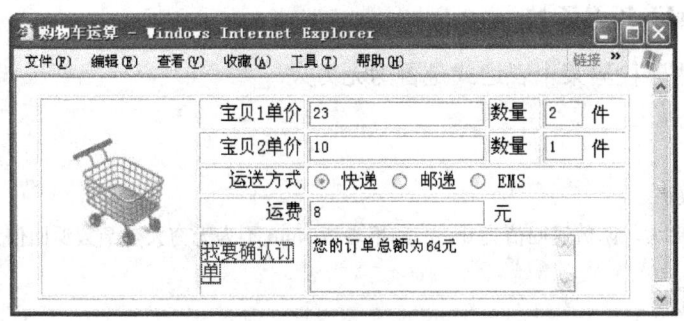

图 2-13　购物车的计算功能

本案例涉及的知识点：
- JavaScript 的一些常见内置函数

2.4.2　相关知识

在使用 JavaScript 语言时，除了可以自定义函数之外，还可以使用 JavaScript 的内置函数，这些内置函数是由 JavaScript 语言自身提供的。下面将对一些常用的内置函数做详细介绍。

知识点 1：parseInt()函数

该函数主要将首位为数字的字符串转化成数字，如果字符串不是以数字开头，那么将返回 NaN。

语法：

parseInt(StringNum,[n])

StringNum：需要转换为整型的字符串。

n：提供在 2～36 之间的数字表示所保存数字的进制数。这个参数在函数中不是必需的。

知识点 2：parseFloat()函数

该函数主要将首位为数字的字符串转化成浮点型数字，如果字符串不是以数字开头，那么将返回 NaN。

语法：

parseFloat(StringNum)

StringNum：需要转换为浮点型的字符串。

知识点 3：isNaN()函数

该函数主要用于检验某个值是否为 NaN。

语法：
isNaN(Num)

Num：需要验证的数字。

如果参数 Num 为 NaN，函数返回值为 true；如果参数 Num 不是 NaN，函数返回值为 false。

知识点 4：isFinite()函数

该函数主要用于检验某个表达式是否为无穷大。

语法：
isFinite(Num)

Num：需要验证的数字。

如果参数 Num 为无穷大，函数返回值为 true；如果参数 Num 不为无穷大，函数返回值为 false。

2.4.3 操作步骤

【步骤1】布局页面，其中"我要确认订单"是超链接。

【步骤2】在超链接和<head></head>之间添加如下代码：

```
<a href="javascript:tj()">我要确认订单</a>
function tj()
{
    var price1=document.form1.price1.value;//宝贝 1 单价文本框
    var num1=document.form1.num1.value;//宝贝 1 数量文本框
    var price2=document.form1.price2.value;//宝贝 2 单价文本框
    var num2=document.form1.num2.value;//宝贝 2 数量文本框
    var price3=document.form1.price3.value;//运费文本框
    if(isNaN(price1)||isNaN(num1)||isNaN(price2)||isNaN(num2)||isNaN(price3))//如果这些文本框的格式不对的话则不予计算总价格
    {
        alert("数字填写错误！");
        return;
    }
    price1=parseFloat(price1);
    num1=parseInt(num1);
    price2=parseFloat(price2);
    num2=parseInt(num2);
    price3=parseFloat(price3);
    var total=(price1*num1+price2*num2+price3);
    document.form1.total.value="您的订单总额为"+total+"元";
}
```

2.4.4 操作练习

制作一个加法器，单击"计算"可以得出两数的和，并将结果放入文本框。

步骤：

【步骤1】添加一个表单，在代码中设置表单名字。

【步骤2】表格布局。先选择"设计"界面，然后选择"布局"选择卡里面的"表格"，设置表格的行列，点"确定"得到布局表。然后进行必要的行、列合并，对表格的背景颜色、边框宽度等表格属性进行设置，得到需要的布局表。添加控件：选择"表单"选择卡中的"文本字段"和"按钮"，设置名字，添加到表格中，就可以得到想要的页面，如图2-14所示。

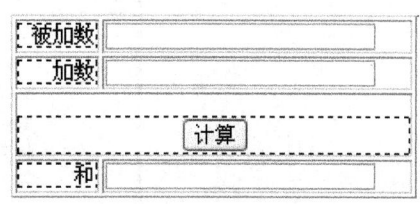

图2-14 加法器布局

【步骤3】编写一个函数实现以下工作。

1）获取文本框里相应的值　需要先获得文档，再获得表单名字，再获得文本框名字，再用其value属性获得内容。例如获得该题中第一个数："document.myform1.num.value;"。

2）进行类型转换之后进行运算　从文本框中获得的值都是字符串，需要把其变成整数或者浮点数进行运算。例如：

var stringNumber=document.myform.num.value;

var number=parseInt(stringNumber);

parseInt()和parseFloat()是两个内置函数，可以将字符串转换成整数和浮点。例如，parseInt("89")将字符串"89"转换为整数89。

3）将运算结果输出到相应的文本框中　先获得文本框，再给它的value属性赋值。

4）响应按钮的单击事件　本题是按下"合计"按钮才进行函数调用，所以，在按钮合计的标记里加上事件onclick。

完整代码如下：

```
<script language="javascript">
function js()
{
    var num1=document.myform.num1.value;
    var num2=document.myform.num2.value;
    num1=parseFloat(num1);
    num2=parseFloat(num2);
    document.myform.total.value=num1+num2;
}
</script>
……
<input name="Submit" type="button" value="计算" onclick="js()" />
```

2.5 其他典型案例

【案例2-1】编写一个计算圆周长和面积的计算器，如图2-15所示。

JavaScript 网页特效案例教程

图 2-15 计算圆周长和面积的计算器

提示：响应的是按钮的 onclick 事件，调用 JavaScript 函数。计算需要使用到圆周率，要自己定义。文本框的文本需要转换成浮点数再使用。面积需要求平方，可以使用 Math.pow(number1,number2)计算，结果是 number1 的 number2 次方。

参考代码：

```
<script language="javascript">
var PI=3.1415;
  function js()
  {
    document.myform.area.value=PI*Math.pow(parseFloat(document.myform.r.value),2);
  }
</script>
```

【案例 2-2】实现一个四则运算计算器，如图 2-16 所示。

图 2-16 四则运算计算器

提示：可以为加减乘除四个按钮写四个不同的无参函数实现这四种运算。为了方便起见，也可以写一个有参函数，将需要进行的运算作为参数，根据需要进行不同的运算。

参考代码：

```
<script language="javascript">
  function compute(op)
  {
    var num1,num2;
     num1=parseFloat(document.myform.txtNum1.value);
```

```
        num2=parseFloat(document.myform.txtNum2.value);
        if (op=="+")
            document.myform.txtResult.value=num1+num2 ;
        if (op=="-")
            document.myform.txtResult.value=num1-num2 ;
        if (op=="*")
            document.myform.txtResult.value=num1*num2 ;
        if (op=="/"  &&   num2!=0)
            document.myform.txtResult.value=num1/num2 ;
    }
</script>
<body>
  <form action="" method="post" name="myform" id="myform">
    第一个数
    <input name="txtNum1" type="text" class="textBorder" id="txtNum1" size="25">
    第二个数
    <input name="txtNum2" type="text" class="textBorder" id="txtNum2" size="25">
    <input name="addButton2" type="button" id="addButton2" value="＋"   onclick="compute('+')">
    <inpu T name="subButton2" type="button" id="subButton2" value="－" onclick="compute('-')">
    <input name="mulButton2" type="button" id="mulButton2" value="×"   onclick="compute('*')">
    <input name="divButton2" type="button" id="divButton2" value="÷"   onclick="compute('/')">
    计算结果
    <input name="txtResult" type="text" class="textBorder" id="txtResult" size="25">
  </form>
</body>
……
```

提示气泡：请你用 switch 语句试试看

【**案例 2-3**】编写个人所得税计算器。月收入所得税计算的方式：（月收入-起征额）×所得税率。收入多出起征额 1 000 元以内，税率为 0.05；1 000 元到 3 000 元为 0.1；3 000 元以上为 0.5。如果输入非数字，弹出错误提示，否则给出结果，如图 2-17 所示。

图 2-17　个人所得税计算器

完整代码：

```html
<html>
<script type="text/javascript" language="javascript">
function cal(){
    var income=document.myform.income.value;
        var base=document.myform.base.value;
        if( isNaN(income) || isNaN(base) ) {
            alert("输入错误！");
            return;
        }
    income=parseFloat(income);
    base=parseFloat(base);
    var range;
    if(income>base){        //月收入必须大于起征额
        range=income-base;
        if(range<1001){        //判断征税的范围
            document.myform.tex.value=range*0.05;
        }else if(range>1000 && range<3001){
            document.myform.tex.value=range*0.1;
        }else{
            document.myform.tex.value=range*0.5;
        }
    }
}
</script>
<body>
<form action="" method="post" name="myform">

    个人所得税计算器
    请输入你的月收入：
    <input type="text" name="income" size="20">元
    请输入所得税起征额：
    <input type="text" name="base" size="20">元
    所得税：
    <input type="text" name="tex" size="20">元
     <input type="button" name="btn" value="计算" onclick="cal()">
     <input type="reset" name="reset" value="   重填    ">
```

```
</form>
</body>
</html>
```

【案例 2-4】判断闰年。单击超链接判断文本框中的年份是否为闰年。

提示：第 1 章案例中也有判断闰年题，本题使用内置函数。对年份本身先进行判断，也就是自动判断输入的是否为正确的年份，而不是"25p3"这种字符。网页中年份文本框最多字符数为 4，超链接当作按钮来调用函数，"<a href=" javascript:checkyear() " >"判断是否为闰年。函数首先判断年份文本框中是否为数字（使用 isNaN()），再将其转换成整数（使用 parseInt()），再使用闰年条件"能被 400 整除，或者能被 4 整除且不能被 100 整除"判断是否为闰年。

参考代码：

```
function checkyear()
{
    var year=document.form1.year.value;
    if(isNaN(year)==true)
    {
        alert("请检查年份是否合理");
    }
    else
    {
        var year1=parseInt(year);
        if ((year1%400==0)||(year1%4==0&&year1%100!=0))
            alert("是闰年");
        else
            alert("不是闰年");
    }
}
<form id="form1" name="form1" method="post" action="">
  <input name="year" type="text" maxlength="4" />
  <a href="javascript:checkyear()">是否为闰年</a>
</form>
```

2.6 本章小结

本章主要介绍了无参函数和有参函数的使用，从中引出了获得文本框值的方法、按钮的 onclick 事件、单选框和多选框的 onclick 事件、超链接如何当作按钮使用和 JavaScript 的一些常见内置函数。

第 2.1 节介绍了无参函数的定义和使用、响应按钮单击事件和获得文本框值的方法。

第 2.2 节介绍了有参函数的定义和使用，着重讲了参数的使用和单选按钮单击事件的响应。

第 2.3 节介绍了超级链接除了链接作用还可以做按钮使用，很多页面为了减少按钮的突兀感，都是用超链接取代按钮。

第 2.4 节介绍了部分常见的内置函数，利用它们可以进行一些简单的类型转换、数值判断和计算。

通过本章的学习，读者可以编写函数，响应单击事件，与用户交互和对数字进行简单运算。

第3章 对象模型 DOM 和 BOM

本章将介绍 DOM 模型的概念，重点讲解 DOM 访问网页元素的方法、document 对象、BOM 模型的概念、几个重要对象（window、history、location）的属性和方法，让读者可以灵活运用模型对象实现一些特效。

教学导航

知识目标	1. 了解 DOM 模型 2. document 对象常用属性和方法 3. window 对象的常用属性和方法 4. history 对象的常用属性和方法 5. location 对象的常用属性和方法
技能目标	1. 能使用 DOM 树状模型获得网页元素 2. 能使用 document.getElementById()方法获得控件 3. 能使用 document.getElementsByName()方法获得控件 4. 能使用延迟方法 setTimeout()实现特效 5. 能使用 BOM 模型中 window，document，history 和 form 对象的常见属性、方法和事件
本章重点	1. 能够使用 document.getElementById()和 document.getElementsByName()获得控件 2. 能够使用延迟方法 setTimeout()实现特效
教学方法	案例教学　自主学习　探究训练
课时建议	8 课时

3.1 DOM 获得网页元素

3.1.1 案例分析

实现购物车计算总价功能：通过复选框从商店中选择需要的物品，单击结算按钮，弹出对话框，计算出总价格。运行结果如图 3-1 所示。

图 3-1　购物车计算总价的运行结果

本案例涉及的知识点：
- HTML 树形结构
- DOM 中节点的引用
- document.getElementById()方法
- document.getElementsByTagName()方法
- document.getElementsByName()方法

3.1.2　相关知识

DOM——Document Object Model——是 W3C 国际组织的一套 Web 标准，它定义了访问 HTML 文档对象的一套属性、方法和事件以及 HTML 文档的一些基本概念。

知识点 1：什么是 DOM

编程中经常需要通过 JavaScript 重构整个 HTML 文档，即可以添加、移除、改变或重排页面上的项目来实现特效。要改变页面上的某个东西，JavaScript 就需要获得对 HTML 文档中所有元素进行访问的入口。这个入口，连同对 HTML 元素进行添加、移动、改变或移除的方法和属性，都是通过文档对象模型来 DOM 获得的。

在 1998 年，W3C 发布了第一级的 DOM 规范。这个规范允许访问和操作 HTML 页面中的每一个单独的元素。所有的浏览器都执行了这个标准，因此，DOM 的兼容性也几乎不成问题。

DOM 可被 JavaScript 用来读取和改变 HTML、XHTML 以及 XML 文档。

知识点 2：HTML DOM 对象

根据 DOM，HTML 文档中的每个成分都是一个节点。

DOM 是这样规定的：
1）整个文档是一个文档节点。
2）每个 HTML 标记是一个元素节点。
3）包含在 HTML 元素中的文本是文本节点。
4）每一个 HTML 属性是一个属性节点。
5）注释属于注释节点。
节点彼此间有等级关系。

HTML 文档中的所有节点组成了一个文档树（或节点树）。HTML 文档中的每个元素、属性、文本等都代表着树中的一个节点。树起始于文档节点，并由此伸出枝条，直到处于这棵树最低级别的所有文本节点为止。如图 3-2 所示，一个 HTML 文档可以表示成一个倒立的文档树或节点树。

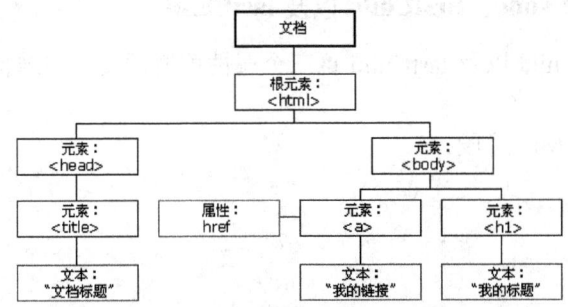

图 3-2　HTML 文档的树状结构

下面是一个 HTML 文档的例子：

```
<html>
  <head>
    <title>DOM Tutorial</title>
  </head>
  <body>
    <h1>DOM Lesson one</h1>
    <p>Hello world!</p>
  </body>
</html>
```

上面所有的节点彼此间都存在关系。

除文档节点之外的每个节点都有父节点。例如，<head> 和 <body> 的父节点是 <html> 节点，文本节点 "Hello world!" 的父节点是 <p> 节点。

大部分元素节点都有子节点。例如，<head> 节点有一个子节点：<title> 节点。<title> 节点也有一个子节点：文本节点 "DOM Tutorial"。

当节点分享同一个父节点时，它们就是同辈（同级节点）。例如，<h1> 和 <p> 是同辈节点，因为它们的父节点均是 <body> 节点。

节点也可以拥有后代，后代指某个节点的所有子节点，或者这些子节点的子节点，依此类推。比方说，所有的文本节点都是 <html>节点的后代，而第一个文本节点是 <head> 节点的后代。

节点也可以拥有先辈。先辈是某个节点的父节点，或者父节点的父节点，依此类推。比方说，所有的文本节点都可把 <html> 节点作为先辈节点。

知识点 3：根节点

有两种特殊的文档属性可用来访问根节点：

document.documentElement

document.body

第一个属性可返回存在于 HTML 文档中的文档根节点；第二个属性是对 HTML 页面的特殊扩展，可以对 <body> 标记的直接访问。

知识点 4：parentNode、firstChild 以及 lastChild

parentNode、firstChild 以及 lastChild 这三个属性可遵循文档的结构，在文档中进行"短距离的旅行"。

请看下面这个 HTML 片段：

```
<table>
  <tr>
    <td>John</td>
    <td>Joe</td>
    <td>Alaska</td>
  </tr>
</table>
```

在上面的 HTML 代码中，第一个 <td> 是 <tr> 元素的首个子元素（firstChild），而最后一个 <td> 是 <tr> 元素的最后一个子元素（lastChild）。

此外，<tr>是每个 <td> 元素的父节点（parentNode）。

例如下面的代码会弹出"P"。

```
<html>
<body>
<p>节点内容</p>
<script language="javascript">
alert(document.body.firstChild.nodeName);
</script>
</body>
</html>
```

知识点 5：document.getElementById()方法

getElementById() 方法可查找整个 HTML 文档中的任何 HTML 元素。该方法会忽略文档的结构而返回正确的元素，不论它被隐藏在文档结构中的什么位置。

getElementById() 可通过指定的 ID 来返回元素。

例 3-1：获得文本框控件，实现如图 3-3 所示的特效。

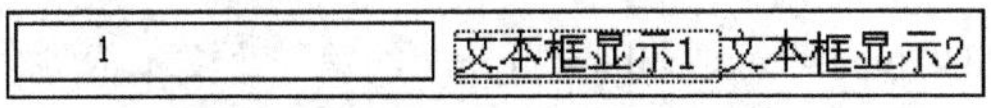

图 3-3 获得文本框控件的特效

例 3-1 参考代码如下：

```
<script language="javascript">
 function f1()
 {
 document.getElementById('text').value='1';
 }
  function f2()
 {
 document.getElementById ('text').value='2';
 }
</script>
……………
  <input type="text" id="text" name="text" />
  <a href="javascript: f1()   ">   文本框显示 1 </a>
  <a href="javascript: f2()   ">   文本框显示 2 </a>
```

知识点 6：getElementsByTagName()方法

语法：

document.getElementsByTagName("标记名称")

或者：

document.getElementById('ID').getElementsByTagName("标记名称");

此方法的返回值是一个控件列表，要对列表中具体的控件访问的时候还需要使用循环来逐个访问。

下面这个例子会返回文档中所有 \<p\> 元素的一个节点列表：

document.getElementsByTagName("p");

下面这个例子会返回所有 \<p\> 元素的一个节点列表，且这些 \<p\> 元素必须是 ID 为 "maindiv" 的元素的后代：

document.getElementById('maindiv').getElementsByTagName("p");

如果要获得 HTML 文档中某表单中所有的文本框的内容，可以用如下代码实现。

下面例子将获得第二个表单中所有的文本框控件中的值。运行结果如图 3-4 所示。

代码如下：

```
<form id="form1">
   <input name="textfield" type="text" value="form1 的第一个文本框">
```

```
    <input name="textfield2" type="text" value="form1 的第二个文本框">
</form>
<form id="form2">
    <input name="textfield3" type="text" value="form2 的第一个文本框">
    <input name="textfield4" type="text" value="form2 的第二个文本框">
</form>
<script language="javascript">
var group=document.getElementById("form2").getElementsByTagName("input");
var string="";
for(var i=0;i<group.length;i++)
        string+=group[i].value;
alert(string);
</script>
```

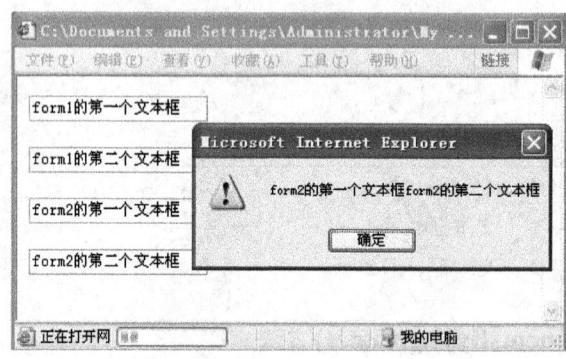

图 3-4　获得第二个表单中所有文本框控件中的值

知识点 7：**getElementsByName()方法**

语法：

document.getElementsByName("控件名称")

此方法和知识点 6 里的方法类似，只是依靠名字 name 属性作为特征来获取同名的控件列表，所以这里不再赘述。

3.1.3　操作步骤

【步骤1】用 Dreamweaver 建立新 HTML 文档。

【步骤2】在 Dreamweaver 的设计里插入一个表单，在表单里放入表格，在表格的布局下放入图片、文字、复选框（复选框的名字要相同，可用"check"）、文本框和按钮（按钮的动作设成"无"）。

【步骤3】在 button 内加上如下代码：

```
<input type="button" value="使用购物车结算" onclick="tj()"/>
```

【步骤4】在<head>内加入如下代码：

```
<script language="javascript">
function tj()
{
    var group=document.getElementsByName("check");
    var totalprice=0;
    for(var i=0;i<group.length;i++)
    {
        if(group[i].checked)//如果该复选框被选中，
                    //则它的 checked 属性的值为 true
            totalprice+=parseFloat(group[i].value);
    }
    alert("您的购物总价为"+totalprice+"元");
}
</script>
```

> check 是所有的 checkbox 的名字

var group=document.getElementsByName("check"); 这句是将名字为"check"的所有元素放入 group 数组中。因为 JavaScript 声明变量不需要说明类型，所以看不出 group 是数组类型数据。group.length 是指该数组的长度。

3.1.4 操作练习

实现全选、全不选功能，如图 3-5 所示。

图 3-5 全选、全不选功能

参考代码如下：

```
function checkAll()
{
    var group=document.getElementsByName("check");
    var flag=document.getElementById("checkshop").checked;
    for(var i=0;i<group.length;i++)
        group[i].checked=flag;
}
<input type="checkbox" id="checkshop" value="checkbox" onclick="checkAll()" />
```

> check 是所有商品选项的 checkbox 的名字

> 代表店铺的单选框的 ID 号

3.2 DOM 的 document 对象

3.2.1 案例分析

设计能漂浮移动的广告页面。在许多商业网站上，打开页面时会有一个"漂浮"的广告，当上下拖动滚动条时，广告也跟随，除非单击广告的"关闭"，如图 3-6 所示。

图 3-6 漂浮广告

本案例涉及的知识点：
- 使用漂浮层
- 用 document.getElementById()获得层
- 获得网页元素的坐标
- window.onscroll 事件

3.2.2 相关知识

知识点 1：document 对象编程

（1）document 对象常用属性　document 对象常用属性见表 3-1。

表 3-1 document 对象常用属性

属性	说明
bgColor	设置或检索 document 对象的背景色
title	设置文档标题，等价于 HTML 的<title>标记
fgColor	设置前景色（文本颜色）
linkColor	未单击过的链接颜色
alinkColor	激活链接（焦点在此链接上）的颜色
vlinkColor	已单击过的链接颜色

（2）document 对象常用方法　document 对象常用方法见表 3-2。

表 3-2 document 对象常用方法

方法	说明
getElementById( )	根据 HTML 元素指定的 ID，获得唯一的 HTML 元素，如访问 div 层对象、图片 Img 对象
getElementsByName( )	根据 HTML 元素指定的 name，获得相同名称的一组元素，如访问表单元素（全选功能）
createElement(Tag)	创建一个 html 标记对象
body.appendChild(oTag)	在元素内添加新元素

（3）document 对象的引用

1）通过集合引用

document.images //对应页面上的<img>标记

document.images.length //对应页面上<img>标记的个数

document.images[0] //第 1 个<img>标记

document.images[i] //第 i+1 个<img>标记

2）通过 name 属性直接引用

<img name="oImage">

document.images.oImage //document.images.name 属性

知识点 2：常见页面坐标介绍

常见的页面坐标，见表 3-3。

表 3-3 常见的页面坐标

top	指定元素的上边界位置
pixelTop	设置或返回元素的上边界
Left	指定元素的左边界位置
scrollTop	页面滚动的高度

要想获得元素 X 的上边界和左边界的像素值，代码如下：

X.style.pixelTop

X.style.pixelLeft

style 是元素的样式属性，该元素的外在表现，比如长度、宽度、颜色等属性都在此属性中。

3.2.3 操作步骤

思路：在网页打开时，需要获得该广告的上边界，可以利用 onload 事件。当用户拖动滚动条时，需响应 onscroll 事件，让该广告和页面滚动的距离保持一致。

布局：在页面中插入层（漂浮的），z 坐标设为 1，然后在层中插入图片。

编写脚本：使用 getElementById( )方法获取层对象，捕捉 onload 事件，变量 advInitTop 保存原始坐标，再捕获鼠标滚动事件 onscroll，改变层对象的位置坐标。

广告层的 ID 为 advLayer，所以 document.getElementById("advLayer")可以获得广告层，.style 是获得该广告层的样式表，.pixelTop 是指广告层距离页面上边界距离的像素值。document.body.scrollTop 是指获得页面上下滚动时，上面隐藏的高度。advInitTop+document.body.scrollTop 可以得到要保持广告层在窗口上保持不变应该距离页面上边界多少像素。

参考代码：

```
<script language="javascript">
    var advInitTop=0;
    function inix( ){
        advInitTop =document.getElementById("advLayer").style.pixelTop;
    }
function move( ){
        document.getElementById("advLayer").style.pixelTop=
        advInitTop+document.body.scrollTop;
    }
    window.onscroll=move；   //当页面滚动时调用 move( )函数
</script>
……
    <body   onload="inix( )" >
……
    <div    id="advLayer" style="position:absolute;    left:16px;
            top:129px;   width:144px;    height:95px;   z-index:1;">
                <a href="http://www.taobao.com"><IMG src="images/advpic.gif"
                width="180" height="230" border="0"></a>
</div>
```

（先获得层离上边框的距离）

（保持广告相对位置）

window.onscroll 是窗口滚动事件，当滚动窗口时触发此事件。

思考：如何在该案例中加入关闭功能，当单击"关闭"时，广告消失？

提示：可以在广告层 advLayer 里面再加入一个漂浮 div，设 z 坐标为 2，在该层内写入"关闭"，该小层响应 onclick 事件，使大层和小层都消失。

```
document.getElementById("advLayer").style.display="none";
document.getElementById("advClose").style.display="none";
```

3.2.4 操作练习

【**案例 3-1**】网站上有这样的特效：当选择该图片时，该图片变大，选择别的图片，则刚才的图片变小，新的图片变大，如图 3-7 所示。

图 3-7 选择图片的运行结果

提示：设四幅图的 ID 号为 1、2、3、4。设一个全局变量 oldnum 用于存放目前被选中的图的编号，当有了新的选择时，将刚才的大图变小，再将新图变大，再改 oldnum 的值为新的编号。

参考代码：

```
<html>
<script language="javascript">
var oldnum=0;
function choose(newnum)
{
    if(oldnum!=0)
    {
        document.getElementById(oldnum).width=80;
        document.getElementById(oldnum).height=80;
    }
    document.getElementById(newnum).width=100;
    document.getElementById(newnum).height=100;
    oldnum=newnum;
}
</script>
<head>
<title>选择图片</title>
</head>
<body>
```

```
<table width="391" height="121" border="0">
  <tr>
    <td width="94" height="100"><img id='1' src="T1gct.png" width="80" height="80"></td>
    <td width="90"><img id='2' src="T1gZt.png" width="80" height="80"></td>
    <td width="92"><img id='3' src="T1v.jpg" width="80" height="80"></td>
    <td width="97"><img id='4' src="T1XdJ.jpg" width="80" height="80"></td>
  </tr>
  <tr>
    <td><a href="javascript:choose('1')">淘妆</a></td>
    <td><a href="javascript:choose('2')">包包</a></td>
    <td><a href="javascript:choose('3')">品牌</a></td>
    <td><a href="javascript:choose('4')">原创</a></td>
  </tr>
</table>
</body>
</html>
```

【案例 3-2】每"添加下一条记录"就生成新的文本框,在单击"完成"时弹出提示,显示所有文本框的内容,如图 3-8 所示。

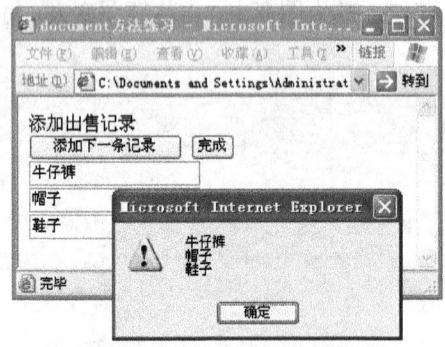

图 3-8 案例 3-2 的运行结果

要实现该功能首先要学习如何用 JavaScript 动态产生网页元素。下面是一个在 div 中添加一个子节点 P 的例子。

<div id="test"><p id="x1">Node</p><p>Node</p></div>

代码如下:

```
<script type="text/javascript">
var oTest = document.getElementById("test");
var newNode = document.createElement("p");
newNode.innerHTML = "This is a test";
//测试从这里开始
//appendChild 方法:
```

```
oTest.appendChild(newNode);
</script>
```

代码中 createElement() 方法用于产生一个新的网页元素,appendChild()方法是向元素中添加新的节点。这两个方法经常组合使用,动态地产生和添加网页元素。

实现案例 3-2 的步骤如下:

用 div 标记作为容器,向里面添加按钮和一个文本框,文本框的名字为"record"。两个按钮响应 onclick 事件。

```
<div id="test">
    添加出售记录<br />
    <input type="button"    value="添加下一条记录" onclick="tianjia()"/>
    <input type="button"    value="完成" onclick="show()" />
    <br />
    <input type="text" name="record" />
</div>
```

tianjia 函数是为了产生一个新的元素文本框,然后将其添加到 div 中。newNode.type = "text"和 newNode.name="record",是为了定义新元素的类型属性和名字属性。

```
function tianjia()
{
var oTest = document.getElementById("test");
oTest.appendChild(document.createElement("br"));
var newNode=document.createElement("input");
newNode.type = "text";
newNode.name="record";
oTest.appendChild(newNode);
}
```

show 函数是先获得 div 元素,再获得其中所有 input 元素,放入 group 数组中。循环访问数组,再将其中名字为"record"的元素提取出来,将它们的 value 属性放入 string。

```
function show()
{
var oTest = document.getElementById("test");
var group=oTest.getElementsByTagName("input");
var string="";
for( var i=0;i<group.length;i++)
{
    if (group[i].name=="record")
    {
        string+=group[i].value;
        string+="\n";
```

```
        }
    }
    alert(string);
}
```

【案例 3-3】实现如下自动测试 HTML 文档的特效。在文本框中写入 HTML,里面也可以含有 JS。单击"直接运行",就可以弹出窗口自动运行页面,如图 3-9 所示。

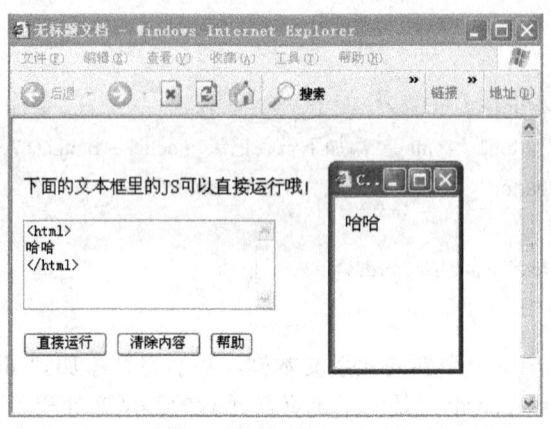

图 3-9 案例 3-3 的运行结果

```
<html>
<script language="javascript">
function test()
{
    HTMLtest=document.form1.text.value;
    testwin=open("","testwin","toolbars=0, scrollbars=0, location=0, statusbars=0, menubars=0, esizable=1, width=100, height=150");
    testwin.document.open();
    testwin.document.write(HTMLtest);
    testwin.document.close();
}
function help()
{
    helpwin=window.open("","helpwindow","toolbars=0, scrollbars=0, location=0, statusbars=0, menubars=0, resizable=1, width=100, height=150");
    helpwin.document.open();
    helpwin.document.write("<title>帮助信息</title><body bgcolor='white' text='blue'>");
    helpwin.document.write("<center>把想显示的代码放入文本框,单击直接运行就可以显示页面内容</center><br>");
    helpwin.document.write("<center><a href='javascript:close()'>关闭窗口</a></center></body>");
    helpwin.document.close();
```

```
}
</script>
<form id="form1" name="form1" method="post" action="">
    下面的文本框里的 JS 可以直接运行哦！
    <textarea name="text" cols="30" rows="5">
    <html>
        哈哈
    </html>
    </textarea>
    <input type="button" name="Submit" value="直接运行" onclick="test()"/>
    <input type="reset" name="Submit2" value="清除内容" />
    <input type="button" name="Submit3" value="帮助" onclick="help()" />
</form>
</html>
```

3.3 BOM 的 window 对象

3.3.1 案例分析

弹出一个新窗口，该窗口在屏幕左上方逐步变大，直到最大，如图 3-10 所示。

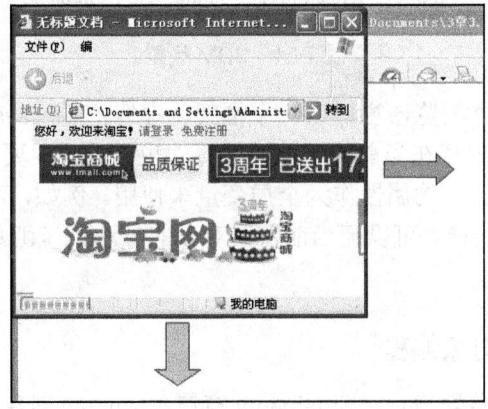

图 3-10 逐渐变大的新窗口

本案例涉及的知识点：
- 浏览器对象概念
- window 对象基本概念
- resizeTo()方法
- resizeBy()方法
- setTimeout()方法

- 获得屏幕大小

3.3.2 相关知识

知识点 1：BOM 是什么

BOM 是 Browser Object Model 的缩写，即浏览器对象模型，它允许访问和操控浏览器窗口。研发者通过使用 BOM，可移动窗口、更改状态栏文本或执行其他不与页面内容发生直接联系的操作。BOM 是 JavaScript 应用中唯一没有相关标准的部分。BOM 主要处理浏览器窗口与框架，但事实上，浏览器特有的 JavaScript 扩展都被认为是 BOM 的一部分。

知识点 2：浏览器对象

当用户在浏览器打开一个页面时，浏览器就会自动创建文档对象模型中的一些对象，这些对象存放了 HTML 页面的属性和其他的相关信息。因为这些对象在浏览器上运行，所以也称之为浏览器对象。浏览器对象是一个分层结构，如图 3-11 所示。

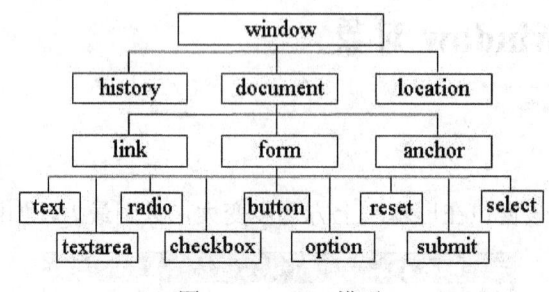

图 3-11　BOM 模型

window 对象表示一个浏览器窗口或一个框架。在客户端 JavaScript 中，window 对象是全局对象，所有的表达式都在当前的环境中计算。也就是说，要引用当前窗口根本不需要特殊的语法，可以把那个窗口的属性作为全局变量来使用。例如，可以只写 document，而不必写 window.document。同样，可以把当前窗口对象的方法当作函数来使用，如只写 alert()，而不必写 window.alert()。

知识点 3：window 对象编程

打开页面，先看到浏览器窗口，即 window 窗口，window 对象指的是浏览器本身。其次就是我们看到的网页文档内容，即 document 文档。它包含一个最主要的内容表单。假设 myform 表单中有一个文本框 text1，定位该文本框时，就应该从上到下定位：

window.document.myform.text1

因为 window 对象是所有页面内容的根节点，所以可以省略：

document.myform.text1

浏览器对象结构中除了 document 文档对象，还有 location 和 history 对象。

（1）window 对象常用属性　window 对象常用属性见表 3-4。

表 3-4 window 对象常用属性

属　　性	说　　明
status	指定浏览器状态栏中显示的临时消息
screen	有关客户端的屏幕和显示性能的信息
history	有关客户访问过的 URL 的信息
location	有关当前 URL 的信息
document	表示浏览器窗口中的 HTML 文档
parent	表示当前窗口的父窗口
self	当前 window 对象的代名词

（2）window 对象常用方法　window 对象常用方法见表 3-5。

表 3-5 window 对象常用方法

方　　法	说　　明
alert("提示信息")	显示一个带有提示信息和"确定"按钮的对话框
confirm("提示信息")	显示一个带有提示信息以及确定和"取消"按钮的对话框
prompt("提示信息")	显示可提示用户输入的对话框
open ("url","name")	打开具有指定名称的新窗口，并加载给定 URL 所指定的文档；如果没有提供 URL，则打开一个空白文档
close ( )	关闭当前窗口
resizeTo(height,width)	设定窗口的大小
moveTo(X,Y)	设置窗口的左上角位置
resizeBy(w,h)	窗口的宽增大 w，高增大 h
showModalDialog( )	在一个模式窗口中显示指定的 HTML 文档
setTimeout("函数"，毫秒数)	设置定时器：经过指定毫秒值后执行某个函数
scroll()	窗口滚动

（3）window 对象常用事件　window 对象常用事件见表 3-6。

表 3-6 window 对象常用事件

事　　件	说　　明
onload	当在窗口或框架完成文档加载时触发
onresize	当对象的大小将要改变时触发
onscroll	当用户滚动对象的滚动条时触发

例 3-2 在一个窗口上有两个按钮，一个为"打开窗口"，另一个为"关闭窗口"，单击它

们可以分别打开和关闭一个小窗口。

```
<input  type="button" value="打开窗口"
onclick="newWin=open('1.html','newWin','width=200,height=100');"/>
<input type="button" value="关闭窗口" onclick="newWin.close();"/>
```

这里在文档加载完成时调用 open（）函数。open（）是 window 对象的一个常用方法，用来打开一个新的网页。

```
open("adv.htm", "广告窗口", "toolbars=0, scrollbars=0, location=0, statusbars=0, menubars=0, resizable=0, width=400, height=450")
```

这句话是打开网页"adv.htm"，窗口名称为"广告窗口"，toolbars=0 表示无工具栏，scrollbars=0 表示没有滚动条，location=0 表示没有地址栏，statusbars=0 表示没有状态栏，menubars=0 表示没有菜单栏，resizable=0 表示不能缩放，width=400、height=450 表示新窗口高、宽。

完整代码如下：

```
<html>
<script type="text/javascript" language="javascript">
function adv(){
    open("adv.htm", "广告窗口", "toolbars=0, scrollbars=0, location=0, statusbars=0, menubars=0, resizable=0, width=400, height=450")
}
</script>
<body onload="adv()"></body>
</html>
```

例 3-3 自动将一个页面调整到最大。

```
window.moveTo(0 , 0);
window.resizeTo(screen.availWidth, screen.availHeight);
```

resizeTo(0，0)把窗口调整到了屏幕最左上端，screen.availWidth 和 screen.availHeight 是为了获得屏幕可用工作区的高和宽。

例 3-4 定时打开新的窗口，如图 3-12 所示。

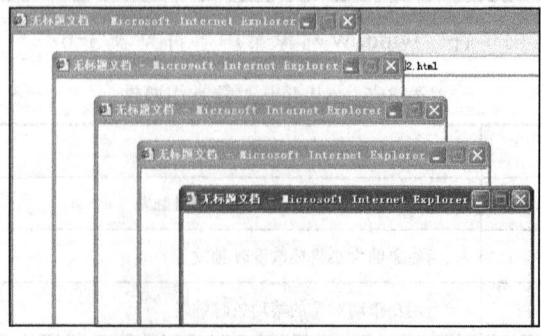

图 3-12　定时打开新窗口

该例要实现功能有：定时打开 5 个窗口，窗口要错开。

```
var times=0;
function myopen()
{
    var newwindow=window.open("1.html","","width=400, height=450");
    newwindow.moveTo(times*50,times*50);
    times++;
    if(times<5)
    {
        setTimeout("myopen()",500);
    }
}
<body onload="myopen()">
```

全局变量用来存储已经打开的窗口数量；moveTo()函数是为了将打开的窗口移到相对距离屏幕左上边界不同的地方。如果打开的窗口少于 5 个，就用 setTimeout 方法每过 500ms 再调用一下 myopen()方法。该函数在窗口下载完毕调用，也就是<body onload="myopen()">。

3.3.3 操作步骤

在页面上布局一个超链接，单击该超链接，调用函数 openwindow()。

设置全局变量 winheight 表示新窗口目前的高度，winwidth 表示新窗口目前的宽度。winhstep 表示新窗口变大时高度变化的幅度，数值越大，变的幅度越大；winwstep 表示新窗口变大时宽度变化的幅度。其中保持 winheight 和 winwidth 的比例和屏幕的高宽比例一样，新窗口变化幅度参数 winhstep 和 winwstep 的比例也和屏幕的高宽比例一样，以便在变化时保持和屏幕比例一样的形状。Math.round()是四舍五入取整方法。

函数 openwindow()的参数 location 中含有要打开的网页的网址。首先打开这个网址，然后调整新窗口到屏幕左上角。再将新窗口调整成初始的大小，调用 myresize()函数来调整新窗口的大小。函数参数是新窗口的引用。

myresize()函数首先判断目前新窗口的宽度是否已经很接近屏幕的宽度，如果是，则把该窗口大小变成屏幕大小（最大值）；否则，按照 winhstep 和 winwstep 的大小将窗口变大一次，再改变 winheight 和 winwidth 为新窗口现有大小。过 50ms 再次调用 myresize()函数。

setTimout()函数的使用方法为 setTimeout("函数名",1000)。函数名为需要重复调用的函数，1000 表示时间间隔，为 1000ms 也就是一 s，就是每过 1s 后再次调用函数。但这种写法中函数名不可以是有参数，使用 setTimeout()重复调用有参函数可以使用匿名函数包装：代码如下：

```
window.setTimeout
    ( function(){func (args); }, 1000);
```

其中 func 是想要定时调用的函数名，args 是参数，1000 表示时间间隔为 1000ms。
完整参考代码如下：

```html
<html>
<head>
<script language="javascript">
var winheight=100;//新窗口的高度
var winwidth=Math.round(winheight*screen.availWidth/screen.availHeight);//新窗口的宽度
var winhstep=5;//新窗口高度变化的幅度
var winwstep=Math.round(winhstep*screen.availWidth/screen.availHeight);//新窗口宽度变化的幅度
function openwindow(location)
{
    newwindow=open(location);//打开新窗口，赋给 newwindow
    newwindow.moveTo(0,0);//将新窗口移动到左上角
    newwindow.resizeTo(winheight,winwidth);//把新窗口变成初始大小
    myresize(newwindow);//调用 myresize 修改 newwindow 的大小
}
function myresize(newwindow)
{
    if(winwidth>=screen.availWidth-5)//当窗口的宽度很接近屏幕可工作区的宽度
        newwindow.resizeTo(screen.availWidth,screen.availHeight);//将窗口变成屏幕大小
    else{
        newwindow.resizeBy(winwstep,winhstep);//将窗口变大
        winheight+=winhstep;//将窗口高度的记录值变大
        winwidth+=winwstep;//将窗口宽度的记录值变大
        setTimeout(
            function()
            {
                myresize(newwindow);
            }, 50
        );
    }
}
</script>
</head>
<body>
<a href="javascript:openwindow('1.html')">点开一个逐渐变大的新网页</a>
</body>
</html>
```

3.3.4 操作练习

【案例 3-4】实现单击图片时图片"跳动"。

先在页面上布局一个"层"div，可以使用 document.getElementById()方法获得该层。style 是指元素的样式属性。

style.pixelTop 指该元素距离页面顶部的距离。

style.pixelLeft 指该元素距离页面左边界的距离。

所以 document.getElementById("Layer1").style.pixelTop 可以获得层"Layer1"距离页面顶部的距离。

"跳动"是指单击图片时，图片位移了一下再回到原来的位置，位移可以通过改变其距离页面顶部和左边界的距离实现，回到原来的位置也是同样道理，可是这中间需要一个时间间隔，不能是瞬间的，那样将看不出效果，这就需要使用 setTimeout()方法。因为该方法可以实现某个动作的定时，就像闹钟过一会儿再响。

```
<script language="javascript">
function jump()
{
    document.getElementById("Layer1").style.pixelTop=document.getElementById("Layer1").style.pixelTop-5;
    document.getElementById("Layer1").style.pixelLeft=document.getElementById("Layer1").style.pixelLeft-5;
    setTimeout("jump2()",100);
}
function jump2()
{
    document.getElementById("Layer1").style.pixelTop=document.getElementById("Layer1").style.pixelTop+5;
    document.getElementById("Layer1").style.pixelLeft=document.getElementById("Layer1").style.pixelLeft+5;
}
</script>
<title>抓起图片</title>
……
<body>
<div id="Layer1" onclick="jump()" style="position:absolute;width:200px;height:115px;z-index:1;left:165px,top. 24px,"><img src="第二章抓起图片.JPG" width="295" height="172" /> </div>
</body>
```

【案例 3-5】实现能自动滚屏的页面。

在页面上放入一个"向上"按钮和"向下"按钮，利用 window.scroll(x,y)来滚动浏览器窗口。

```
<script language="javascript">
function scrollup()
{
```

```
            for(i=1;i<=500;i++)
                window.scroll(1,i);
    }
    function scrolldown()
    {
            for(i=500;i>1;i--)
                window.scroll(1,i);
    }
</script>
<input type="button" value="向下" onclick="scrollup()">
<input type="button" value="向上" onclick="scrolldown()">
```

3.4 BOM 的 history 和 location 对象

3.4.1 案例分析

实现有返回、前进、刷新功能的页面。
本案例涉及的知识点：
- history 对象
- location 对象

3.4.2 相关知识

知识点 1：history 对象

history 对象常用方法见表 3-7。

表 3-7 history 对象常用方法

方　　法	说　　明
back( )	加载 History 列表中的上一个 URL
forward( )	加载 History 列表中的下一个 URL
go("url"or number)	加载 History 列表中的一个 URL，或要求浏览器移动指定的页面数

back ( )方法相当于"后退"按钮。
forward ( ) 方法相当于"前进"按钮。
go (1) 代表前进 1 页，等价于 forward( )方法。
go(-1) 代表后退 1 页，等价于 back( )方法。

知识点 2：location 对象

location 对象常用属性见表 3-8。

表 3-8   location 对象常用属性

属　　性	说　　明
host	设置或检索位置或 URL 的主机名和端口号
hostname	设置或检索位置或 URL 的主机名部分
href	设置或检索完整的 URL 字符串

location 对象常用方法见表 3-9。

表 3-9   location 对象常用方法

方　　法	说　　明
assign("url")	加载 URL 指定的新的 HTML 文档
reload()	重新加载当前页
replace("url")	通过加载 URL 指定的文档来替换当前文档

3.4.3　操作步骤

先设置 4 个网页，money.html，ju.html，spring.html，show.html，在四个网页下面添加一个"列表菜单"，如图 3-13 所示，以便实现网页间的跳转。

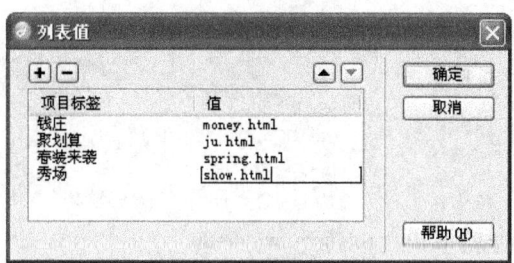

图 3-13   设置列表菜单

参考代码：

```
<form name="form1" method="post" action="">
……
<td width="4%"><a href="javascript: history.back( )">返回 </a></td>
<td width="4%"><a href="javascript: history.forward( )">前进</a></td>
```

```html
<td width="4%"><a href="javascript: location.reload( )">刷新</a></td>
<td width="6%"><a href="../index.html">首页</a></td>
```
跳转到其他版块
```html
<select name="selTopic"    id="selPTopic" onChange="javascript: location=this.value">
    <option value="money.html" selected="selected">钱庄</option>
    <option value="ju.html">聚划算</option>
    <option value="spring.html">春装来袭</option>
    <option value="show.html" selected >秀场</option>
</select>
</form>
```

解释：

1）onchange 是列表菜单的选项变化事件。

2）使列表菜单的某一项被选中，令 option 的 selected 属性为"selected"即可。

3.5 其他典型案例

【案例 3-6】实现图片轮流变大，首先第一张图片大，过 1s 后，第二张图片变大，依次反复。

提示： 首先特效在网页打开就开始，可以响应 onload 事件。每隔 1s 将有变化，这种类型的效果都需要 setTimeout() 来实现。因为是轮流变大，需要设置一个全局变量 num 用来记录前一次变大的图片的编号。接着考虑如何实现 1~n 的循环，实现了数字的循环也就可以实现图片的循环。

```html
<html>
<script language="javascript">
var oldnum=0;
function myturn()
{
    var newnum;
    if(oldnum!=0)
    {
        document.getElementById(oldnum).width=80;
        document.getElementById(oldnum).height=80;
    }
    newnum=oldnum+1;
    if(newnum>4)
        newnum=1;
    document.getElementById(newnum).width=100;
    document.getElementById(newnum).height=100;
```

```
            oldnum=newnum;
            setTimeout("myturn()",1000);
    }
    </script>
    <head>
    <title>选择图片</title>
    </head>
    <body onload=myturn()>
    <table  border="0">
      <tr>
        <td><img id='1' src="T1gct.png" width="100" height="100"></td>
        <td><img id='2' src="T1gZt.png" width="80" height="80"></td>
        <td><img id='3' src="T1v.jpg" width="80" height="80"></td>
        <td><img id='4' src="T1.jpg" width="80" height="80"></td>
      </tr>
    </table>
    </body>
    </html>
```

【案例 3-7】实现弹出模式窗口，填写运单地址，如图 3-14～图 3-15 所示。

案例分析：单击页面上的"改变收货地址"超链接，则弹出模式窗口对话框。在对话框中填入省份、城市和街道，单击"提交"，所填写的内容就会出现在收货地址的文本框内。

弹出模式窗口需要用 window.showModalDialog()方法。它类似 open 方法，也有 3 个参数，第一个参数填入网址，第二个参数填入窗口名称，第三个参数填入模式窗口的高和宽。模式窗口没有地址工具栏这些参数设置。window.showModalDialog()具有返回值，它可以返回所打开的模式窗口中填写的内容字符串。

图 3-14　弹出模式窗口

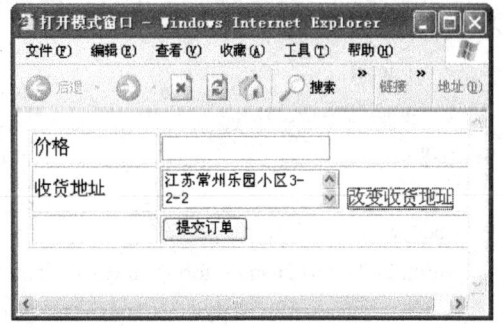

图 3-15　弹出模式窗口

window.returnValue 可以保存参数，在关闭该窗口后传给打开该窗口的父窗口。

参考代码：

```html
<html xmlns="http://www.w3.org/1999/xhtml">
<head>
<title>打开模式窗口</title>
<script language="javascript">
function getAddress()
{
    var address=showModalDialog('dialog.html','','dialogWidth:250px;dialogHeight:200px')
    document.form1.address.value=address;
}
</script>
</head>
<body>
<form name="form1" method="post" action="">
……
        <textarea name="address"></textarea>
      <a href="javascript:getAddress()">改变收货地址</a>         </label></td>
        <input type="button" name="Submit" value="提交订单">
</form>
</body>
</html>
```

dialog.html

```html
<html>
<head>
<title>模式窗口</title>
<script language="javascript">
function tj()
{
    window.returnValue=document.form1.province.value+document.form1.city.value+document.form1.street.value;
    close();
}
</script>
</head>
<body>
<form id="form1" name="form1" method="post" action="">
        <input name="province" type="text" size="15">
        <input name="city" type="text" size="15">
        <input name="street" type="text" size="15">
```

```
                <input type="button" name="Submit" value="提交" onclick="tj()">
        </form>
    </body>
</html>
```

【案例 3-8】实现页面左边随滚动条滚动的带有"关闭"按钮的漂浮广告,如图 3-16 所示。

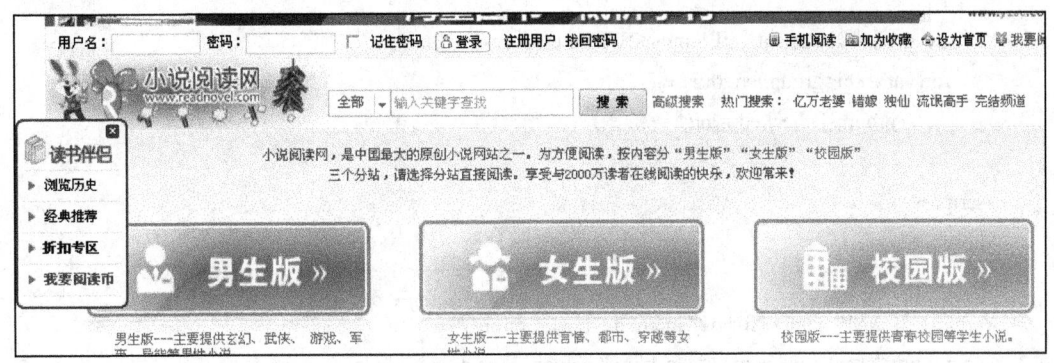

图 3-16 漂浮广告

参考 3.2.1 案例。

【案例 3-9】实现全需要/全不需要的特效。运行结果如图 3-17 所示。

图 3-17 全需要/全不需要的运行结果

案例分析：开始超链接内容为"全需要",单击它上面的选项都选中,且该超链接内容变成"全部需要";反之单击"全不需要",则上面的选项都不被选。

参考代码:

```
<html xmlns="http://www.w3.org/1999/xhtml">
<head>
<title>无标题文档</title>
<script language="javascript">
function needAll()
{
    var flag;
    if(document.getElementById("all").innerHTML=="全需要")
    {
        flag=true;
```

```
                document.getElementById("all").innerHTML="全不需要";
        }
        else
        {
            flag=false;
            document.getElementById("all").innerHTML="全需要";
        }
        var group=document.getElementsByName("checkbox");
        for(var i=0;i<group.length;i++)
            group[i].checked=flag;
}
</script>
</head>
<body>
<form id="form1" name="form1" method="post" action="">
<input type="checkbox" name="checkbox" value="checkbox" />鼠标
<input type="checkbox" name="checkbox"/>键盘
<input type="checkbox" name="checkbox"/>主机
<input type="checkbox" name="checkbox" />音箱
<input type="checkbox" name="checkbox" />液晶显示器
<a id="all" href="javascript:needAll()">全需要</a>
</form>
</body>
</html>
```

超链接"全需要"作为按钮使用，被单击则调用 needAll()函数。函数首先获得目前超链接的内容，如果是"全选中"，则标记 flag 为 true，否则标记为 false。然后获得多选框数组，遍历该数组，让它们的选中状态与 flag 保持一致。

group=document.getElementsByName("checkbox"); 是获得所有名字为 checkbox 的控件，放入数组 group 中。

3.6 本章小结

本章介绍了两个对象模型 DOM 和 BOM 的概念，重点用案例讲解了其中几个重要的对象（window, document, history, location）及其属性和方法，让读者可以灵活运用这些模型中的常见对象实现一些特效。

第 3.1 节介绍了 DOM 的含义，DOM 中节点的概念和如何访问节点，然后介绍了常用的快捷获得网页元素的方法 document.getElementById()和 document.getElementsByName()，并用购物车结算的案例来使用这两个方法。

第 3.2 节介绍了 document 对象的常用属性方法和事件。案例是可以跟随滚动条滚动的漂浮广告，使用了 window.onload 事件和 window.onscroll 事件，使用了 document.getElementById() 获得广告层。

第 3.3 节介绍了 window 对象的常用属性方法和事件。案例是打开网页时弹出新窗口，使用了 onload 事件和 open() 方法。操作练习中则采用了 setTimeout() 方法实现了图片的"跳动"效果。

第 3.4 节介绍了 history 对象和 location 对象的常用属性方法和事件。案例实现了"前进""后退"和"刷新"功能，使用了这两个对象中相应的方法。

第4章 内置对象

本章将介绍 JavaScript 中对象的概念,学习 Date,String,Math,Array 这四个常见内置对象。

教学导航

知识目标	1. 掌握对象的概念 2. 使用 Date 对象 3. 使用 String 对象 4. 使用 Math 对象 5. 使用 Array 对象
技能目标	1. 能实现动态时钟 2. 能对字符串进行操作 3. 能求随机数、最大值、最小值等 4. 能对一组数据进行处理
本章重点	1. 能实现动态时钟 2. 能对字符串进行操作 3. 能求随机数、最大值、最小值等 4. 能对一组数据进行处理
教学方法	案例教学　自主学习　探究训练
课时建议	8 课时

4.1 Date 对象

4.1.1 案例分析

实现当前的日期和时间。
本案例涉及的知识点:
- 对象的概念
- 如何使用对象
- Date 对象的属性和方法
- 字符串相连

4.1.2 相关知识

知识点 1：JavaScript 中对象的概念

对象的概念和 Java、C#等语言里面是一样的，是一组包含属性和对属性进行操作的方法的实体。JavaScript 是一种基于对象的语言，它支持三种对象：内置对象、用户自定义对象以及浏览器对象。浏览器对象上章已经介绍，本章主要介绍常用的内置对象。

知识点 2：创建和删除对象

使用对象前，首先要学会创建对象。在 JavaScript 中，除了 Math 等个别对象，其他对象都使用 new 运算符来创建，该运算符是一个常用且十分重要的运算符。删除一个对象可以使用对象运算符 delete，但在 JavaScript 中很少使用它。使用 new 运算符创建对象变量的格式如下：

变量名=new 对象名();

知识点 3：对象的属性和方法

一个对象应包含两个要素，即属性和方法。属性是用来描述对象特性的一组数据，即若干变量；方法是用来操作对象的若干动作，也就是若干函数。例如：

document.bgcolor//属性

document.write()//方法

JavaScript 将一些常用功能预先定义成对象，用户可以直接使用，这种对象就是内置对象。这些内置对象可以帮助用户在设计自己的脚本时实现一些最常用最基本的功能。这些对象是 Date、Math、String、Array、Number、Boolean、Function、Global、Object、RegExp 和 Event 对象。

知识点 4：Date 的属性和方法

Date 对象方法组见表 4-1。

表 4-1　Date 对象方法组

方法分组	说明
setXxx	这些方法用于设置时间和日期值
getXxx	这些方法用于获取时间和日期值

Date 对象的方法的参数范围见表 4-2。

表 4 2　Date 对象方法参数范围

参数	值的范围
Seconds 和 Minutes	0～59
Hours	0～23
Day	0～6（星期几）
Date	1～31（月份中的天数）
Months	0～11（1月～12月）

4.1.3 操作步骤

在 Web 开发过程中，可以使用 JavaScript 的 Date 对象来实现对日期和时间的控制。
参考代码：

```
<script language="javascript">
var mydate;
mydate=new Date();
document.write("现在是："+(mydate.getMonth()+1)+"月"+mydate.getDate()+"日 "+mydate.getHours()+"时 "+mydate.getMinutes()+"分"+mydate.getSeconds()+"秒");
</script>
```

4.1.4 操作练习

实现动态时钟。

如果要在网页中显示计时时钟，就需重复生成新的 Date 对象来获取当前计算机的时间。用户可以使用 Date 对象实现各种与日期和时间有关的功能。

我们可以利用 Date 对象现实当前的时间，可是这个不是动态的时间，如何能实现动态的时间呢？

setTimeout（"调用的函数"，"定时的时间"）可以过固定的事件再次调用函数。
参考代码：

```
<script language="JavaScript">
function disptime( ){
 var time = new Date( ); //获得当前时间
 var hour = time.getHours( );   //获得小时、分钟、秒
 var minute = time.getMinutes( );
 var second = time.getSeconds( );
 document.myform.myclock.value =hour+":"+minute+":"+second+" ";
 setTimeout("disptime()",1000);
}
</script>
<body onload="disptime( )">
<form name="myform">
当前时间：
 <input name="myclock" type="text"  value="" size="10" >
</form>
</body>
```

4.2 String 对象

4.2.1 案例分析

验证用户信息，如图 4-1 所示。

图 4-1 验证用户信息

本案例涉及的知识点：
- String 对象的属性和方法
- 字符串检验常用的方法

4.2.2 相关知识

String 对象的常用方法和属性见表 4-3。

表 4-3 String 对象的常用方法和属性

	名 称	说 明
属性	length	获取字符串的字符个数
方法	indexOf("子字符串"，起始位置)	查找子字符串的位置
	charAt(index)	获取位于指定索引位置的字符
	substring(index1,index2)	求子字符串
	toLowerCase()	将字符串转换成小写
	toUpperCase()	将字符串转换成大写

4.2.3 操作步骤

电子邮箱地址的格式为"非空"，包含"."和"@"符号。如果符合要求就是合法的邮箱地址，否则弹出相应的提示。

参考代码：
```
<html>
<head>
<title>使用字符串</TITLE>
<script language = "JavaScript">
```

```
    function checkEmail( )
    {
      var strEmail=document.myform.txtEmail.value;
      if (strEmail.length==0)
          alert("电子邮件不能为空!");
      else if (strEmail.indexOf("@",0)==-1)
          alert("电子邮件格式不正确\n 必须包含@符号！");
      else if (strEmail.indexOf(".",0)==-1)
          alert("电子邮件格式不正确\n 必须包含.符号！");
      else    alert("正确");
    }
</script>
</head>
<form name="myform" >
  <table border="0" align="center">
    <tr>
      <td>您的电子邮件        </td>
      <td colspan="2"><INPUT name="txtEmail" type="text" id="txtEmail">*必填</td>
    </tr>
    <tr>
        <td><input name="clearButton" type="reset" id="clearButton" value="  清空  "></td>
        <td><input name="registerButton" type="button" id="registerButton" value="  注  册  " onclick="checkEmail( )" </td>      </tr>
  </table>
</form>
</html>
```

4.2.4 操作练习

判断输入的昵称格式是否正确，如图 4-2 所示。

图 4-2　判断昵称的格式是否正确

参考代码：
```html
<html>
<script language="javascript">
function checkName()
{
    var name=document.form1.name.value;
    var c;
    for(var i=0;i<name.length;i++)
    {
        c=name.charAt(i);
        if( !(c>='a'&&c<='z')&&!(c>='A'&&c<='Z')&&isNaN(c))
        {
            alert("姓名中只能出现字母或数字");
            break;
        }
    }
}
</script>
<body>
<form id="form1" name="form1" method="post" action="">
    昵称<input name="name" type="text" id="name" />
    》只能含有字母数字
……
        <input type="button" name="Submit" value="申请会员" onclick="checkName()"/>
    </form>
</body>
</html>
```

4.3 Math 对象

4.3.1 案例分析

产生四位随机验证码，如图 4-3 所示。

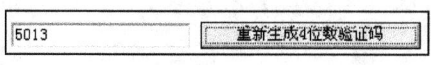

图 4-3 产生四位随机验证码

本案例设计的知识点：
- Math 对象的属性和方法
- 字符串相连接

4.3.2 相关知识

Math 对象的常用方法见表 4-4。

表 4-4　Math 对象的常用方法

方　　法	说　　明
abs	计算指定参数的绝对值
acos	返回指定参数的反余弦值
asin	返回指定参数的反正弦值
atan	返回指定参数的反正切值
atan2	根据指定的坐标返回一个弧度值
ceil	返回大于或等于指定参数的最小整数
cos	计算指定参数的余弦值
exp	以 e 为底的指数函数
floor	返回小于或等于指定参数的最大整数
log	以 e 为底的自然对数
max	返回两个或多个参数中的最大值
min	返回两个或多个参数中的最小值
pow	幂运算
random	产生 0~1 之间的随机数
round	取整运算
sin	计算指定参数的正弦值
sqrt	开平方运算
tan	计算指定参数的正切值

4.3.3 操作步骤

本题每次需要产生 4 个 0~9 之间的随机数，而随机数 Math.random()可以产生一个 0~1 之间的随机数，需要通过将 Math.random()乘以 10，再用 Math.round()四舍五入获得 0~10 之间的数字，数 10 转化成 0，就能得到 0~9 之间的随机数。将 4 个这样的随机数串联到一起就是四位随机数。

参考代码：
```
<script language="javascript">
function change()
{
    var string="";
    for(i=1;i<=4;i++)
        string+= getRandom( Math.random() );
    document.form1.random.value=string;
```

```
}
function getRandom( x )
{
        x=Math.round(x*10);
         if (x==10)
            return 0;
         else   return   x;
}
</script>
.......
<form name="form1" method="post" action="">
  <input type="text" name="random">
  <input name="Submit" type="button" id="Submit" onclick="change()" value="重新生成 4 位数验证码">
</form>
```

4.3.4 操作练习

网页上有四张图，每过 1s 随机显示其中的一张图。

布局页面时有四张图，ID 为 1~4，先只让第一张显示，其余的使之 style.display=none。设一个全局变量 oldnum 用来存储目前在显示的图片。响应 onload 事件，响应函数中产生 1~4 之间的随机数，让目前在显示的图片隐藏，新的随机数所代表的图显示，再替换旧的 oldnum 为目前显示的图的号，最后用 setTimeout()方法使该函数每 1s 运行一次。

```
<html xmlns="http://www.w3.org/1999/xhtml">
<head>
<meta http-equiv="Content-Type" content="text/html; charset=gb2312" />
<title>无标题文档</title>
<script language="javascript">
var oldnum=1;
function start()
{
        var newnum=Math.round((Math.random()*4));
        if(newnum==0)
             newnum=4;
        document.getElementById(oldnum).style.display="none";
        document.getElementById(newnum).style.display="block";
        oldnum=newnum;
        setTimeout("start()",1000);
}
</script>
</head>
```

```
<body onload="start()">
<table width="90" border="1">
  <tr>
    <td width="80">
      <img id='1' src="1.png" width="80" height="80" />
      <img id='2' style="display:none" src="2.png" width="80" height="80" />
      <img id='3' style="display:none" src="3.jpg" width="80" height="80" />
      <img id='4' style="display:none" src="4.jpg" width="80" height="80" />    </td>
  </tr>
</table>
</body>
</html>
```

4.4 Array 对象（一维数组）

4.4.1 案例分析

用列表菜单选择课程，如图 4-4 所示。

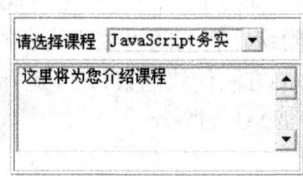

图 4-4 列表菜单选择课程

本案例涉及的知识点：
- 一维数组的概念
- Array 对象的属性和方法

4.4.2 相关知识

知识点 1：一维数组

可以把数组看作一个单行表格，该表格的每一个单元格中都可以存储一个数据，而且各单元格中存储的数据类型可以不同，这些单元格被称为数组元素。每个数组元素都有一个索引号，通过索引号可以方便地引用数组元素。数组是 JavaScript 中唯一用来存储和操作有序数据集的数据结构。

知识点 2：使用 Array 对象

新建和输出一个数组：

```
var group=new Array()
group[0]=1;
group[1]=2;
group[2]=3;
document.write(group);
```
也可以写如下代码，可以同样输出 1,2,3：
```
var group=new Array(1,2,3);
document.write(group);
```
可以用 group.length 获得该数组的长度。

下面代码可以对数组进行排序：
```
var group1=new Array(2,1,3);
group1.sort();
document.write(group1);//输出 1,2,3
```

4.4.3 操作步骤

加入列表菜单，选项分别为"JavaScript 务实""Java 程序设计"和"JSP 网站开发"。给列表加入 onchange 事件：onchange="change()"。

在脚本中定义全局变量 array，在 array 的第 0 到第 2 个元素中分别放入上述三门课的课程介绍。

change()函数中先获得列表中被选中的序号 selectedIndex，然后从数组 array 中获得相应的课程介绍，放入文本域。

注意：select 控件的每个选项对应着一个 selectedIndex，如果选第一个选项，则 selectedIndex 就为 0，如果选第二个则为 1，依此类推。

参考代码：
```
<script language="javascript">
var array=new Array();
array[0]="专业课  主讲教师：wy    听课班级：软件专业1班   软件专业2班";
array[1]="专业核心课  主讲教师：ym    听课班级：软件专业1班   软件专业2班";
array[2]="专业核心课  主讲教师：shl   听课班级：软件专业1班   软件专业2班";
function change()
{
    var pIndex=document.form1.select1.selectedIndex;   // 获得所选课程的序号
    document.form1.textarea.value=array[pIndex];
}
</script>
……
<form name="form1" method="post" action="">
    请选择课程
        <select name="select1" onchange="change()">
```

```
            <option value="javascript">JavaScript 务实</option>
            <option value="java">Java 程序设计</option>
            <option value="jsp">JSP 网站开发</option>
        </select>
            <textarea name="textarea" >这里将为您介绍课程</textarea>
</form>
……
```

上面的数组是全局变量，避免在函数中重复生成。

Array 数组还可以以字符串代替下标，也就是以下方式也是合法的：

"array['javascript']="专业课 主讲教师：wy   听课班级：软件专业 1 班 软件专业 2 班";"。

所以脚本部分可以换成以下代码：

```
<script language="javascript">
var array=new Array();
array['javascript']="专业课 主讲教师：wy    听课班级：软件专业 1 班  软件专业 2 班";
array['java']="专业核心课 主讲教师：ym    听课班级：软件专业 1 班  软件专业 2 班";
array['jSP']="专业核心课 主讲教师：shl    听课班级：软件专业 1 班  软件专业 2 班";
function change()
{
    var pIndex=document.form1.select1.value;    // 可获得所选 option 的 value 值
    document.form1.textarea.value=array[pIndex];
}
</script>
```

4.4.4 操作练习

实现以下特效：当单击数字时，图片随之改变，如图 4-5 所示。

图 4-5 单击数字选择图片

可以将四张图片的文件名及其位置存放在一个数组中：

```
var group=new Array();
group[1]="1.png";
group[2]="2.png";
group[3]="3.jpg";
group[4]="4.jpg";
```

当单击超链接时改变 "image" 的 src 属性为数组内的元素。

参考代码：
```
<script language="javascript">
var group=new Array();
group[1]="1.png";
group[2]="2.png";
group[3]="3.jpg";
group[4]="4.jpg";
function change(num)
{
    document.getElementById("image").src=group[num];
}
</script>
……
        <a href="javascript:change('1')">1</a>
        <a href="javascript:change('2')">2</a>
        <a href="javascript:change('3')">3</a>
        <a href="javascript:change('4')">4</a>
```

4.5 Array 对象（二维数组）

4.5.1 案例分析

实现以下考试申请特效：当选择不同的学期，下面的课程就相应发生改变，如图 4-6 所示。

图 4-6　考试申请的运行结果

本案例涉及的知识点：
- 二维数组
- 使用 Array 定义二维数组
- 访问二维数组

4.5.2 相关知识

知识点 1：二维数组

如果数组中所有数组元素的值都是基本类型的值，就把这种数组称为一维数组。当数组中所有数组元素的值又都是数组时，就形成了二维数组。

知识点 2：二维数组的定义和访问

例 4-1 举例说明：利用二维数组存储和打印各科成绩，如图 4-7 所示。

```
<html>
<pre>
姓名         英语          计算机
_____
<script language="javascript">
var students,i,j;
students=new Array();
students[0]= new Array("高飞",88,92);
students[1]= new Array("张三",58,70);
students[2]= new Array("李四",99,68);
students[3]= new Array("何苦",80,90);
for(i=0;i<students.length;i++)
{
    for(j=0;j<students[i].length;j++)
     {
         document.write(students[i][j]+"\t");
     }
    document.writeln();
}
</script>
</pre>
</html>
```

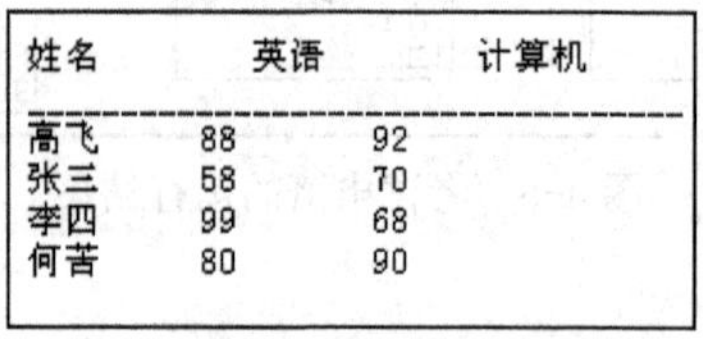

```
姓名         英语          计算机
_____
高飞          88           92
张三          58           70
李四          99           68
何苦          80           90
```

图 4-7 利用二维数组存储和打印各科成绩

4.5.3 操作步骤

放入两个列表，第一个中放入选项 option "第一学期"、"第二学期" 和 "第二学年"。在相应的 option 的 value 里面也写入 "第一学期"、"第二学期" 和 "第二学年"。第二个列表中放入 option "请选择对应学期的课"。

在脚本的全局变量中放入一个二维数组，用文字 courseList['第一学期']取代原来的 courseList[0]。

第一个列表响应 onchange 事件："onchange="changeTerm( )""。该函数首先获得第一个列表的被选的值，然后清空当前第二个列表的选项，再使用二维数组中存储的相应课程，产生新的选项，依次加入到第二个列表中。

参考代码：

```html
<html>
<script language="JavaScript" >
    var courseList = new Array( );
    courseList['第一学期'] = ['Java', 'SqlServer 基础', 'C#', 'HTML'];
    courseList['第二学期'] =['JavaScript', 'SqlServer 高级', '.NET', 'JSP'];
    courseList['第二学年'] = ['Struts', 'ASP.NET', 'Ajax','Spring','Hibernate'];
    function changeTerm( )
    {
        var pIndex=document.myform.selTerm.value;
        var newOption1;
        document.myform.selCourse.options.length=0;
        for (var j in courseList[pIndex])
        {
            newOption1=new Option(courseList[pIndex][j], courseList[pIndex][j]);
            document.myform.selCourse.options.add(newOption1);
        }
    }
</script>
<body>
<form name="myform" id="myform" action="register_success.htm" onsubmit="return checkForm( )" >
        <select name="selTerm"    onchange="changeTerm( )">
            <option>--请选择学期--</option>
            <option value="第一学期">第一学期</option>
            <option value="第二学期">第二学期</option>
            <option value="第二学年">第二学年</option>
        </select>
        课程
        <td><select name="selCourse"    >
            <option>--请选择对应学期的课程--</option>
        </select>
</form>
</body>
</html>
```

解释：

（1）每个选项 Option 可以动态创建

new Option("显示内容"，"值")

（2）动态添加选项

selCourse.options.add(newOption1）

（3）清除选项

selCourse.options.length=0

4.5.4 操作练习

实现级联菜单，如图 4-8 所示。
代码参考 4.5.3 节。

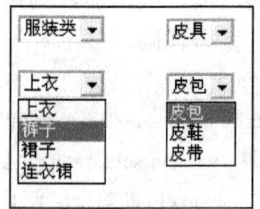

图 4-8 级联菜单

4.6 其他典型案例

【案例 4-1】秒杀计时器：填入秒杀开始时间，开始计时，显示目前剩余时间，如图 4-9 所示。

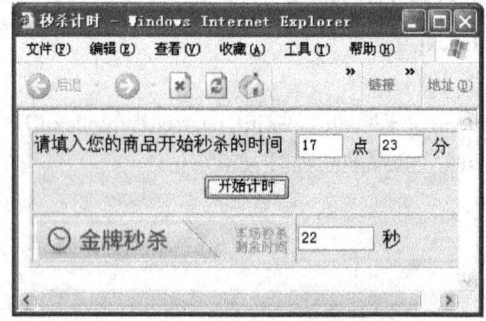

图 4-9 秒杀计时器

提示：首先获得当前时间，计算得当时距离 0:00 已经过了多少秒，然后由填写的秒杀开始时间计算何时秒杀，两数相减得到剩余时间。

```
<script language="javascript">
function mystart()
{
    var time1=new Date();
    var hour1=time1.getHours();
    var minute1=time1.getMinutes();
    var second1=time1.getSeconds();
    t1=60*60*hour1+60*minute1+second1;
    t2=60*60*parseInt(document.form1.hour2.value)+60*parseInt(document.form1.second2.value);
    t=t2-t1;
    document.form1.t.value=t;
    if(t!=0)
        setTimeout("mystart()",1000);
```

```
        else
            alert("秒杀开始!");
}
</script>
<form id="form1" name="form1" method="post" action="">
    ……..
    请填入您的商品开始秒杀的时间
    <input name="hour2" type="text" size="4" maxlength="2" />点
    <input name="second2" type="text" size="4" maxlength="2" />分
    <input type="button" name="Submit" value="开始计时" onclick="mystart()"/>
        <input name="t" type="text" size="8" />秒
</form>
```

【案例 4-2】验证用户名和密码格式,要求用户名仅仅含数字和字母,要求密码长度不低于 6 位,如果不正确弹出对话框显示错误,如图 4-10 所示。

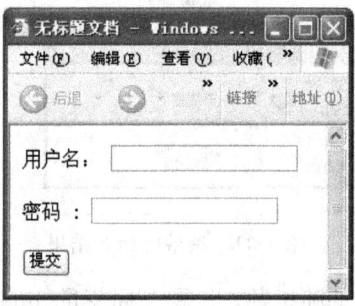

图 4-10 判断用户名和密码格式

参考代码:
```
<script language="javascript">
function tj()
{
    var name=document.form1.name.value;
    var password=document.form1.password.value;
    for( var i=0;i<name.length;i++)
    {
        var w=name.charAt(i);
        if(! ((w>='0'&&w<='9')||(w>='a'&&w<='z')||(w>='A'&&w<='Z') ))
        {
            alert("用户名中有不合法字符");
            return false;
        }
    }
    if (password.length<6)
```

```
        {
            alert("密码少于 6 位");
            return false;
        }
        return true;

}
</script>
```

【案例 4-3】猜数游戏：猜 0~9 之间的数字，如果猜中，则显示猜了几次，如图 4-11 所示。

图 4-11 猜数的运行结果

用全局变量存储一个 0~9 的随机数，设置全局变量 times 用来存储猜数的次数，初始值为 0。单击"我猜"时调用函数，如果猜数单元不为空则猜数次数加 1，再判断猜的数字是否正确。

```
<script language="javascript">
var number=Math.random();
number=Math.round(number*10);
if (number==10)
number=0;
number=9;
var times=0;
function guess()
{
        if(document.form1.text.value!='')
            times++;
        if(document.form1.text.value!=number)
            alert("很抱歉，你猜错了哦！ ");
        else
            alert("成功了！你总共猜了"+times+"次");
```

```
    }
</script>
```

【案例 4-4】 实现网店的衣服号码显示：如果选择"红色"则只有 S、M、L；如果选择"黑色"，则只有 L、XL；如果选择"藕色"，则只有 S 号。请用级联菜单实现该选择。

4.7 本章小结

本章学习了 Date、String、Math、Array 这四个常见内置对象，并用利用这些对象实现了一些网页常见特效。

第 4.1 节学习了 Date 对象，介绍了如何产生当前时间和如何获得时间参数，利用它实现了获得当前日期和动态时钟。

第 4.2 节学习了 String 对象，主要介绍了对字符串进行操作的方法，可以用它对字符串进行合法性检验，这也是减少服务器端工作的常用方法。

第 4.3 节学习了 Math 对象，它主要用于一些数学运算，比如求平方，求随机数，求最大值这些常见运算可以用它直接实现。

第 4.4 节和第 4.5 节学习了 Array 对象，介绍了一维数组和二维数组的应用，可以实现对一组数据的处理，可以产生级联菜单。

第5章 常用事件

本章将介绍什么是事件,通过案例学习如何响应常用事件实现特效。常用事件有键盘鼠标事件、页面相关事件、表单事件和编辑事件。

教学导航

知识目标	1. 什么是事件 2. 事件处理程序的调用 3. 鼠标键盘事件 4. 页面事件 5. 表单事件 6. 滚动字幕事件 7. 编辑事件
技能目标	1. 单击按钮改变网页背景颜色 2. 单击改变文本颜色 3. 验证表单 4. 鼠标移动动态改变图片的焦点 5. 鼠标跟踪 6. 上下键控制游泳的鱼 7. 关注图像时图才变大 8. 漂浮广告 9. 聚焦文本框的变色反应 10. 防止复制和粘贴
本章重点	1. 键盘鼠标事件 2. 页面事件 3. 表单事件 4. 编辑事件
教学方法	案例教学　自主学习　探究训练
课时建议	8课时

5.1 事件与事件处理程序的调用

事件是用户在访问页面时执行的操作。当浏览器探测到一个事件时,比如鼠标单击或按键,它可以触发与这个事件相关联的 JavaScript 对象,这些对象称为事件处理程序。事件处理是一项重要技术,它包含了用户与页面的所有交互。

在使用事件处理程序对页面进行操作时，最主要的是如何通过事件来指定事件处理程序，其指定方式主要有两种。

（1）通过 HTML 标记使用事件　该方法是直接在 HTML 标记中指定事件处理程序，例如在<body>和<input>标记中指定。

语法

<标记 …… 事件="事件处理程序" [事件="事件处理程序" ...]>

在以上语法中的事件处理程序可以是 JavaScript 语句，也可是自定义函数，如果是 JavaScript 语句，可以在语句的后面以分号（;）作为分隔符，执行多条语句。

下面的代码在页面加载完成后将弹出一个"欢迎进入本网页"的对话框，在用户退出页面后，弹出一个"谢谢浏览"对话框。代码如下：

```
<body onload="alert('欢迎进入本网页')" onunload="alert('谢谢浏览')" >
```

（2）通过 JavaScript 代码使用事件　该方法是在 JavaScript 脚本中直接对各对象的事件及事件所调用的函数进行声明，不用在 HTML 标记中指定要执行的事件。

语法

<事件主角 - 对象>.<事件> = <事件处理程序>;

直接在 JavaScript 脚本中执行按钮的单击事件，而不用在按钮的<input>标记中调用单击事件。下面的例子将 pp()函数定义为 button 按钮的 onclick 事件的处理过程。

例 5-1：单击"确定"按钮，弹出"欢迎使用 JavaScript 教程"对话框。

例 5-1 完整代码如下：

```
<html>
<head>
<meta http-equiv="Content-Type" content="text/html; charset=gb2312" />
<title>通过 JavaScript 代码使用事件</title>
</head>
<input type="button" name="Button" value="确定">
<script language="javascript">
function pp()
{
   alert("欢迎使用 JavaScript 教程");
}
Button.onclick=pp;
</script>
<body>
</body></html>
```

5.2　键盘鼠标事件

5.2.1　案例分析

在层上面移动，捕捉鼠标事件，在文本框中显示，如图 5-1 所示。

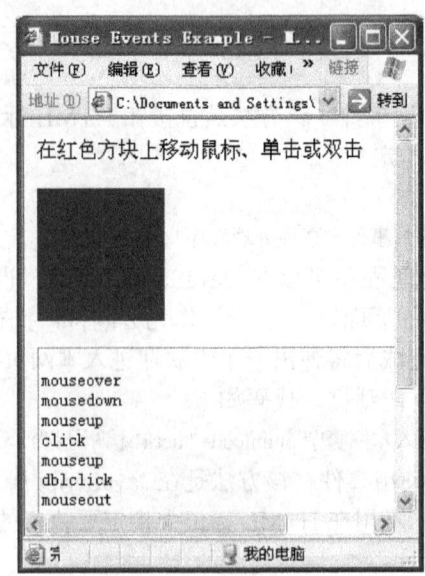

图 5-1 捕捉鼠标事件

本案例涉及的知识点：
- 获取鼠标事件
- event 对象

5.2.2 相关知识

知识点 1：键盘鼠标事件列表

键盘鼠标事件见表 5-1。

表 5-1 键盘鼠标事件

事件	描述
onclick	鼠标单击事件，多用在某个对象控制的范围内的鼠标单击
ondblclick	鼠标双击事件
onmousedown	鼠标上的按钮被按下了
onmouseup	鼠标按钮松开时激发的事件
onmouseover	当鼠标移动到某对象范围的上方时触发的事件
onmouseout	当鼠标离开某对象范围时触发的事件
onkeypress	当键盘上的某个键被按下并且释放时触发的事件（注意：页面内必须有被聚焦的对象）
onkeydown	当键盘上某个按键被按下时触发的事件（注意：页面内必须有被聚焦的对象）
onkeyup	当键盘上某个按键被放开时触发的事件（注意：页面内必须有被聚焦的对象）

知识点 2：单击事件应用

单击事件（onclick）是在鼠标单击时被触发的事件。单击是指鼠标停留在对象上，按下鼠标键，在没有移动鼠标的同时放开鼠标键的这一完整过程。

单击事件一般应用于 button 对象、checkbox 对象、image 对象、link 对象、div 对象、radio 对象、reset 对象和 submit 对象，button 对象一般只会用到 onclick 事件处理程序，因为该对象不能从用户那里得到任何信息，如果没有 onclick 事件处理程序，按钮对象将不会有任何作用。

知识点 3：event 对象

event 对象代表事件的状态，例如触发 event 对象的元素、鼠标的位置及状态、按下的键等。event 对象只在事件发生的过程中才有效。event 对象有如下属性：

altKey, button, cancelBubble, clientX, clientY, ctrlKey, fromElement, keyCode, offsetX, offsetY, propertyName, returnValue, screenX, screenY, shiftKey, srcElement, srcFilter, toElement, type, x, y。

（1）altKey

描述：

检查 alt 键的状态。

语法：event.altKey

（2）button

描述：检查按下的鼠标键。

语法：event.button

可能的值：

0——没按键。

1——按左键。

2——按右键。

3——按左键和右键。

4——按中间键。

5——按左键和中间键。

6——按右键和中间键。

7——按所有的键。

这个属性仅用于 onmousedown、onmouseup 和 onmousemove 事件。对其他事件，不管鼠标状态如何，都返回 0（比如 onclick）。

（3）keyCode

描述：检测键盘事件相对应的内码。

（4）shiftKey

描述：检查 shift 键的状态。

（5）srcElement

描述：返回触发事件的元素。

（6）type

描述：返回事件名。

（7）x,y

描述：返回鼠标相对于 CSS 属性中有 position 属性的上级元素的 x 和 y 坐标。如果没有 CSS 属性中有 position 属性的上级元素，默认以 body 元素作为参考对象。

5.2.3 操作步骤

先在页面上布局一个<div>和一个文本域，然后在<div>中获得鼠标事件。调用 handleEvent(oEvent)方法，其中 oEvent 参数可以获得事件，在文本域中显示事件的类型。

参考代码如下：

```html
<html>
    <head>
        <title>Mouse Events Example</title>
        <script type="text/javascript">
            function handleEvent(oEvent){
                var oTextbox=document.getElementById("txt1");
                oTextbox.value+="\n"+oEvent.type;
            }
        </script>
    </head>
    <body>
        <p>在红色方块上移动鼠标、单击或双击</p>
        <div style="width: 100px; height: 100px; background-color: red"
            onmouseover="handleEvent(event)"
            onmouseout="handleEvent(event)"
            onmousedown="handleEvent(event)"
            onmouseup="handleEvent(event)"
            onclick="handleEvent(event)"
            ondblclick="handleEvent(event)" id="div1"></div>
        <p><textarea id="txt1" rows="15" cols="50"></textarea></p>
    </body>
</html>
```

5.2.4 操作练习

【案例 5-1】用 onmousedown 和 onmouseup 事件将文本制作成类似于<a>（超链接）标记的功能，也就是在文本上按下鼠标时，改变文本的颜色，当在文本上松开鼠标时，恢复文本的默认颜色，并弹出一个空页（可以链接任意网页）。

鼠标的按下或松开事件分别是 onmousedown 和 onmouseup。其中，onmousedown 事件用于在鼠标按下时触发事件处理程序，onmouseup 事件是在鼠标松开时触发事件处理程序。在用鼠标单击对象时，可以用这两个事件实现动态效果。

参考代码如下：

```html
<html>
<a onmouseup="javascript: this.style.color='red';" onmousedown="javascript: this.style.color='yellow';" href="http://www.czmec.com">JavaScript 网页特效案例教程</a>
</html>
```

【案例 5-2】鼠标的移入、移出改变图片的清晰度。

鼠标在图片上移入或移出时，动态改变图片的清晰度，主要是用 onmouseover 和 onmouseout 事件来完成鼠标的移入和移出动作。

参考代码如下：

```html
<html>
<script language="javascript">
function visible(cursor,i)
{
if (i==0)
    cursor.filters.alpha.opacity=100;
else
    cursor.filters.alpha.opacity=30;
}
</script>
    <img src="Temp.jpg" border="0" style="filter:alpha(opacity=100)" onmouseover="visible(this,1)" onmouseout="visible(this,0)" width="148" height="121">
</html>
```

解释："onmouseover="visible(this,1)";"中，this 指的是本控件。

"cursor.filters.alpha.opacity=100；"修改的是滤镜设置，修改了透明度。

【案例 5-3】下面的例子检查鼠标是否在链接上单击，并且，如果 shift 键被按下，就取消链接的跳转。

```html
<html>
<script language="JavaScript">
function cancelLink() {
    if (window.event.srcElement.tagName == "A" && window.event.shiftKey)
        window.event.returnValue = false;
}
</script>
<body onclick="cancelLink()"></body>
</html>
```

【案例 5-4】鼠标移动事件获取鼠标的坐标。

鼠标在页面中移动时，在页面的状态栏中显示当前鼠标在页面上的位置，也就是（x,y）值。

当鼠标在页面上移动时，鼠标移动事件（onmousemove）触发事件处理程序，event 对象中存储了该事件的一些属性，其中 event.x 和 event.y 存储了事件发生地点的页面坐标。

参考代码如下：

```
<html>
<script language="javascript">
<!--
var x=0,y=0;
function MousePlace()
{
    x=window.event.x;
    y=window.event.y;
    window.status="X: "+x+"   "+"Y: "+y;
}
document.onmousemove=MousePlace;
//-->
</script></html>
```

【案例 5-5】键盘控制小鱼游泳。

实现上、下、左、右键控制鱼上、下、左、右游动，如图 5-2 所示。

首先布局背景，然后布局 div 层，在层上插入鱼图像，响应 document.onkeydown 事件，该事件的 event 对象可以记录键盘上按键的 ASCII 码。event 可以保存 onkeydown 事件的属性，比如事件

图 5-2　键盘控制小鱼游泳

发生的时间、发生的位置、按下去的键盘值等。普通键盘"上"、"下"、"左"、"右"键对应的键值为 38、40、37、39。根据键值修改鱼图像距离页面上、下、左、右的距离。

参考代码如下：

```
<html>
<script language="javascript" type="text/javascript">
 function move( )
 {
 if (event.keyCode==38)
document.getElementById("fish").style.pixelTop=document.getElementById("fish").style.pixelTop-10;
   if (event.keyCode==40)
document.getElementById("fish").style.pixelTop=document.getElementById("fish").style.pixelTop+10;
   if (event.keyCode==37)
document.getElementById("fish").style.pixelLeft=document.getElementById("fish").style.pixelLeft-10;
   if (event.keyCode==39)
document.getElementById("fish").style.pixelLeft=document.getElementById("fish").style.pixelLeft+10;
  }
document.onkeydown= move ;
 </script>
```

```
<body background="images/sea.jpg">
<div id="fish" style="position:absolute; left: 268px; width: 124px; height: 117px; top: 76px;"><img src="images/fish.gif" width="123" height="116"></div>
</body>
</html>
```

【案例 5-6】单击按钮改变页面的背景。单击按钮，可以根据一定的次序改变页面的背景颜色。

提示：使用数组 Array 来存储颜色，单击鼠标时，根据次数可以取出不同的颜色。如果单击次数达到了 Array 的长度，则令单击次数归零。

参考代码如下：

```
<html>
<script language="javascript">
var Arraycolor=new Array("red","blue","maroon","navy","green","purple","yellow","white","silver");
var n=0;
function turncolors(){
    if (n==(Arraycolor.length-1)) n=0;
    n++;
    document.bgColor = Arraycolor[n];
}
</script>
    <input type="button" name="Submit" value="变换背景" onclick="turncolors()">
</html>
```

5.3 页面相关事件

5.3.1 案例分析

实现图片的大小改变。图片打开时显示为小图，当鼠标进入图片区域时图片变为大图，如图 5-3、图 5-4 所示。

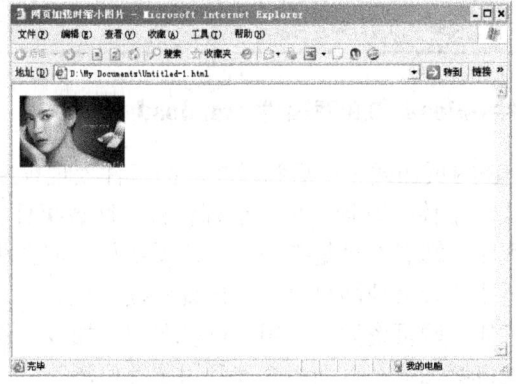

图 5-3 初始显示为小图

图 5-4 鼠标移入时变为大图

本案例涉及的知识点：
- 页面相关事件列表

5.3.2 相关知识

知识点 1：页面相关事件列表

页面相关事件见表 5-2。

表 5-2 页面相关事件

事件	描述
onabort	图片在下载时被用户中断
onbeforeunload	当前页面的内容将要被改变时触发的事件
onerror	捕抓当前页面因为某种原因而出现的错误，如脚本错误与外部数据引用的错误
onload	在页面或图像加载完成后立即发生
onmove	浏览器的窗口被移动时触发的事件
onresize	当浏览器的窗口大小被改变时触发的事件
onscroll	浏览器的滚动条位置发生变化时触发的事件
onstop	浏览器的"停止"按钮被按下时，或者正在下载的文件被中断时触发的事件
onunload	当前页面将被卸载时触发的事件

知识点 2：加载事件 onload 和卸载事件 onunload

加载事件（onload）在网页加载完毕后触发相应的事件处理程序，它可以在网页加载完成后对网页中的表格样式、字体、背景颜色等进行设置。卸载事件（onunload）在卸载网页时触发相应的事件处理程序。卸载网页是指关闭当前页或从当前页跳转到其他网页中，该事件常被用于在关闭当前页或跳转其他网页时，弹出询问提示框。

在制作网页时，为了便于网页资源的利用，可以在网页加载事件中对网页中的元素进行设置。下面以示例的形式讲解如何在页面中合理利用图片资源。

5.3.3 操作步骤

在某元素内部使用 this 指的是该元素本身，这里的 this 指的是该图片。当图片加载完成时缩小图片为原大小的 1/2。当鼠标覆盖此图片时放大为原图大小，鼠标移开后仍为原大小的 1/2。加载图片出错则弹出"图片不存在"。

参考代码如下：

```html
<html>
<body onunload="pclose()">
<img src="3.jpg" name="img1" onload="blowup()" onmouseout="blowup()" onmouseover="reduce()"
onerror="javascript: alert('图片不存在');">
<script language="javascript">
<!--
var h=img1.height;
var w=img1.width;
function blowup()
{
    if (img1.height>=h) {
        img1.height=h/2;
        img1.width=w/2;
    }
}
function reduce()
{
    if (img1.height<h) {
        img1.height=h;
        img1.width=w;
    }
}
function pclose()
{
    alert("欢迎浏览本网页");
}
//-->
</script>
</body></html>
```

5.3.4 操作练习

浏览器的滚动条位置发生变化时，漂浮广告跟随漂动，广告上面有"关闭"按钮，单击它则广告消失，如图 5-5 所示。

图 5-5 浮动广告

将广告布局在一个层上,在该层里再放一个广告层。注意这两个层是嵌套关系,即 <div><div></div></div>,外面的是广告层,里面的是关闭层。这样做的好处是外面的广告层滚动时,不用管关闭层,关闭层也可以跟随着广告层一起滚动。

当鼠标拖动窗口的滚动条时,发生了 onscroll 事件。滚动条一滚动就获取滚动条距离窗口上面的距离,然后据此修改广告离窗口上面的距离。

参考代码如下:

```
<html>
<script language="javascript">
var initTop=0;
function init( )
{
    initTop=document.getElementById("advLayer1").style.pixelTop;
}
function move( )
{    document.getElementById("advLayer1").style.pixelTop=initTop+document.body.scrollTop    ;
}
window.onscroll=move ;   //窗口的滚动事件,当页面滚动时调用 move( )函数
</script>
<body onload="init()">
  <div id="advLayer1" style="position:absolute;    left:-7px;    top:79px;  width:139px;    height:253px;
      z-index:1;">  <img src="images/left.jpg" width="144" height="253" border="0"><div id="advLayer2"
style="position:absolute;    left:885px; top:79px;  width:129px;    height:257px;    z-index:1;">    <img
src="images/right.jpg" width="130" height="256" border="0"></div></div>
```

```
</body>
</html>
```

5.4 表单事件

5.4.1 案例分析

在网站上申请会员时,需要填写用户名、密码、重复密码、生日等内容,其中用户名不能为空,不能含有数字、字母以外的字符,密码不能短于 6 位,重复密码要和原密码相同,生日格式要正确,这些一般都是由脚本完成验证的,如图 5-6 所示。

图 5-6 表单验证

本案例涉及的知识点:
- 表单事件列表
- 如何进行表单验证

5.4.2 相关知识

知识点 1:表单事件列表

表单事件见表 5-3。

表 5-3 表单事件

事件	描述
onblur	当前元素失去焦点时触发的事件(鼠标与键盘的触发均可)
onchange	当前元素失去焦点并且元素的内容发生改变而触发的事件(鼠标与键盘的触发均可)
onfocus	当某个元素获得焦点时触发的事件
onreset	当表单中 reset 的属性被激发时触发的事件
onsubmit	一个表单被递交时触发的事件

知识点 2:表单验证

前面学习 String 对象时,学习过如何对一个文本框进行格式验证,比如看里面是否有非字母非数字的字符，判断一个电子邮箱的格式是否正确等。但那时没有涉及表单验证。表单验证是指对表单中需要提交的内容进行语法验证，如出现错误则有错误提示；如果正确则提交表单转去提交成功的网页。

在表单中往往有"清空"按钮，类型是 reset，用来清空填写的内容；还有一个"提交"按钮，它的类型是 submit，当单击"提交"按钮时，表单发生了 onsubmit 事件。如果在此时要通过脚本对提交内容进行语法验证，则应该在表单中添加上：

```
<form action="success.html" name="myform" onsubmit="return checkForm()">
</form>
```

如果函数 checkForm()返回 true，则表单提交，转去 action 所存的网页；如果返回 false，则停在原网页，等待再次提交。

5.4.3 操作步骤

步骤：布局好网页，设置表单，布局文本框和"提交"按钮。

在表单上添加 action 属性，action="success.html"，添加表单提交事件 onsubmit="return checkForm()"。

checkForm()分成两部分，先验证用户名是否符合要求（checkName()），再验证密码是否正确（checkPass()），如果验证函数中发生错误，则立即弹出错误提示，返回 false；否则则返回 true。

最后表单根据返回的值来判断继续等待提交还是转去 success.html。

```
<html>
<script type="text/javascript" language="javascript">
function checkForm()
{
    if(checkName()&&checkPass())
        return true;
    else
        return false;
}
function checkName()
{
    var name=document.myform.User.value;
    var n=name.length;
    if (n<4||n>16)
    {
        alert("名字长度应该为 4～16 个字符");
        return false;
    }
    var c;
    for(var i=0;i<n;i++)
```

```
            {
                c=name.charAt(i)
                if (!(c>='a'&&c<='z')&&!(c>='A'&&c<='Z')&&!(c>='0'&&c<='9'))
                {
                    alert("名字只能含有字母或数字");
                    return false;
                }
            }
            return true;
}
function checkPass()
{
        var pass=document.myform.Pass.value;
        var n=pass.length;
        if(n<6||n>12)
        {
            alert("密码长度应为 6～12 个字符");
            return false;
        }
        var rpass=document.myform.RPass.value;
        if(rpass!=pass)
        {
            alert("两次输入的密码不符");
            return false;
        }
        return true;
}
</script>
<body>
<form action="success.html" method="post" name="myform"   onsubmit="return checkForm()">
    会员申请
    用户名：
    <input name="User" type="text" maxlength="16" >只能输入字母或数字，4～16 个字符
    密码：
    <input name="Pass" type="password">
     密码长度 6～12 位
    确认密码：
    <input name="RPass" type="password">
      与密码保持一致
```

```
            性别：
            <input name="gen" type="radio"    value="男" checked>
                男
            <input name="gen" type="radio" value="女" class="input">
                女
            <input name="Submit" type="submit" value="   提交   ">
        </form>
    </body>
</html>
```

5.4.4 操作练习

【案例5-7】登录网站时，在填写某个文本框的时候，该框会变色，等填写完了又变回原样，是如何实现的？

当某个元素获得焦点时，获得焦点事件（onfocus），触发事件处理程序；当前元素失去焦点时，失去焦点事件（onblur）触发事件处理程序。在一般情况下，这两个事件是同时使用的。

参考代码如下：

```
<script language="javascript">
function txtfocus( txt )
{
    txt.style.backgroundColor="yellow";
}
function txtblur( txt )
{
    txt.style.backgroundColor="";
}
</script>
            <input type="text" name="textfield" onfocus="txtfocus(this)" onblur="txtblur(this)">
```

【案例5-8】当列表菜单中的值发生改变时，文本域中的字体大小和字体颜色发生改变，如图5-7所示。

失去焦点修改事件（onchange）在当前元素失去焦点并且元素的内容发生改变时触发事件处理程序，该事件一般在下拉文本框中使用。

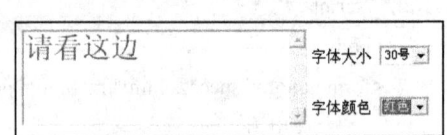

图5-7 改变文字属性

参考代码如下：

```
<body>
<form name="form1" method="post" action="">
        <textarea name="textarea" style="height:100; width:300">请看这边</textarea>
    字体大小
        <select name="menu1" onchange="Size()">
```

```
                <option value="10">10 号</option>
                <option value="20">20 号</option>
                <option value="30">30 号</option>
            </select>
        字体颜色
            <select name="menu2" onchange="Color()">
                <option value="red">红色</option>
                <option value="black">黑色</option>
                <option value="gray">灰色</option>
            </select>
</form>
<script language="javascript"><!--
function Size()
{
    document.form1.textarea.style.fontSize=form1.menu1.value;
}
function Color()
{
    document.form1.textarea.style.color=form1.menu2.value;
}
</script>
</body>
```

5.5 编辑事件

5.5.1 案例分析

有些成果是自己辛苦写出来，想与别人共享却不愿被窃取，怎么办呢？不允许复制是常见的方法。其运行结果如图 5-8 所示。

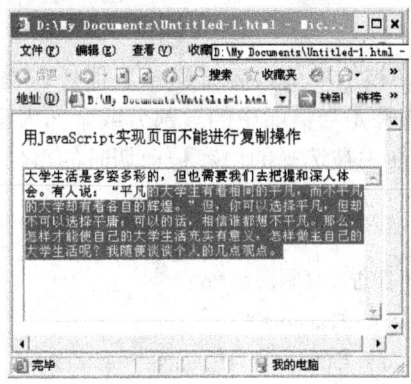

图 5-8 不允许复制的运行结果

本案例设计的知识点：
编辑事件列表

5.5.2 相关知识

编辑事件见表 5-4。

表 5-4 编辑事件

事件	描述
onbeforecopy	当页面当前的被选择内容将要复制到浏览者的系统剪贴板前触发的事件
onbeforecut	当页面中的一部分或者全部的内容将被移离当前页面（剪贴）并移动到浏览者的系统剪贴板时触发的事件
onbeforeeditfocus	当前元素将要进入编辑状态
onbeforepaste	内容将要从浏览者的系统剪贴板传送（粘贴）到页面中时触发的事件
onbeforeupdate	当浏览者粘贴系统剪贴板中的内容时通知目标对象
oncontextmenu	当浏览者按下鼠标右键出现菜单时或者通过键盘的按键触发页面菜单时触发的事件（试试在页面中的中加入 oncontentmenu="return false"就可禁止使用鼠标右键了）
oncopy	当页面当前的被选择内容被复制后触发的事件
oncut	当页面当前的被选择内容被剪切时触发的事件
ondrag	当某个对象被拖动时触发的事件（活动事件）
ondragdrop	一个外部对象被鼠标拖进当前窗口或者帧时触发的事件
ondragend	当鼠标拖动结束时触发的事件，即鼠标的按钮被释放了
ondragenter	当被鼠标拖动的对象进入某容器范围内时触发的事件
ondragleave	当被鼠标拖动的对象离开某容器范围内时触发的事件
ondragover	当某被拖动的对象在另一对象容器范围内拖动时触发的事件
ondragstart	当某对象将被拖动时触发的事件
ondrop	在一个拖动过程中，释放鼠标键时触发的事件
onlosecapture	当元素失去鼠标移动所形成的选择焦点时触发的事件
onpaste	当内容被粘贴时触发的事件
onselect	当文本内容被选择时触发的事件
onselectstart	当文本内容选择将开始发生时触发的事件

5.5.3 操作步骤

剪切事件在浏览器中剪切被选中的内容时触发事件处理程序。剪切事件有 onbeforecut 和 oncut 两个，onbeforecut 事件是当页面中的一部分或全部内容被剪切到浏览者系统剪贴板时的事件，oncut 事件是当页面中被选择的内容被剪切时的事件。

参考代码如下：

```
<body>
<p>用 JavaScript 实现页面不能进行复制操作</p>
<form name="form1" method="post" action="">
    <textarea name="textarea" cols="50" rows="10" oncut="return false" oncopy="return pp()" >
    大学生活是多姿多彩的，但也需要我们去把握和深入体会。有人说："平凡的大学生有着相同的平凡，
```

而不平凡的大学生却有着各自的辉煌。"你可以选择平凡，但不可以选择平庸。相信谁都想不平凡，那么怎样才能使自己的大学生活充实有意义，怎样做主自己的大学生活呢？我谈谈个人的几个观点。

```
    </textarea>
    <script language="javascript">
    function pp()
    {
        alert("该页面不允许复制");
        return false;
    }
    </script>
</form>
</body>
```

5.5.4 操作练习

【案例5-9】老师布置了一篇作业在网上完成，怎么防止学生从别处粘贴来呢？杜绝粘贴运行结果如图5-9所示。

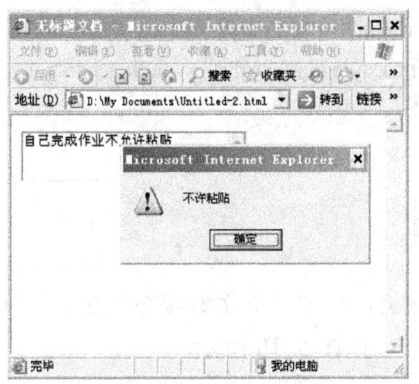

图 5-9 杜绝粘贴的运行结果

粘贴事件（onbeforepaste）是将内容要从浏览者的系统剪贴板中粘贴到页面上时所触发的事件。可以利用该事件避免浏览者在填写信息时，对验证信息进行粘贴（如密码文本框和确定密码文本框中的信息）。

参考代码如下：

```
<html>
<head>
    <title>不许粘贴</title>
</head>
<body>
<textarea name="textarea" cols="30" rows="3"  onpaste="javascript: alert('不许粘贴'); return false;">自己完成作业不允许粘贴</textarea>
</body>
```

</html>

【案例 5-10】 拖动图片。

实现图片的抓取和拖动功能。鼠标在图片上单击则抓住图片，按住左键进行拖动则图片跟随拖动，直到放下左键停止。

提示：假设 obj 为某个 HTML 控件。

obj.offsetTop 指 obj 距离上方或上层控件的位置，整型，单位是像素。

obj.offsetLeft 指 obj 距离左方或上层控件的位置，整型，单位是像素。

obj.offsetWidth 指 obj 控件自身的宽度，整型，单位是像素。

obj.offsetHeight 指 obj 控件自身的高度，整型，单位是像素。

setCapture()　获得鼠标拖动。

releaseCapture()　鼠标释放。

首先响应 ondragstart 事件，获取鼠标，然后用 xx 变量获得图片左边界和鼠标之间的距离，然后用 yy 获得图片上边界和鼠标之间的距离。响应 ondrag 事件，利用 xx 和 yy 来修改图片新的坐标。最后响应 ondragend 事件，释放鼠标。

```
<html>
<script>var xx=0,yy=0 </script>
<img src="1.JPG" style='position:absolute;'
ondragstart="setCapture();xx=event.x-this.offsetLeft;yy=event.y-this.offsetTop;"
ondrag='this.style.left=event.x-xx;this.style.top=event.y-yy' ondragend="releaseCapture();">
</html>
```

5.6　其他典型案例

【案例 5-11】 实现下面网页：在第一个文本域选择文本，单击按钮"搬到下面去"，删除文本并转移到第二个文本域中，如图 5-10 所示。

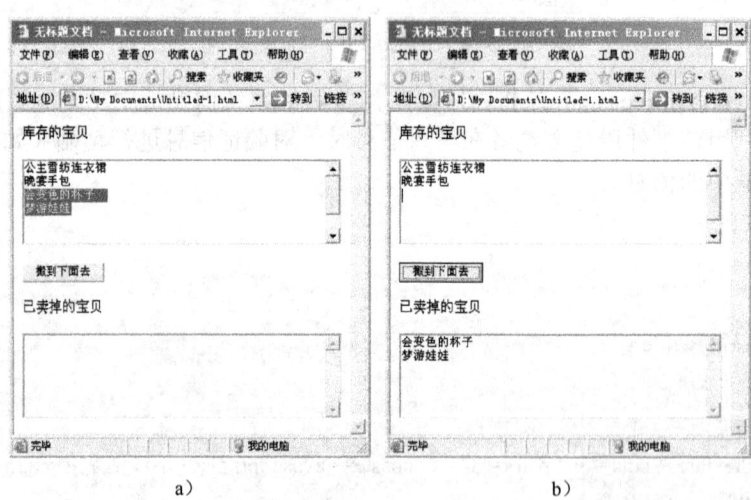

a)　　　　　　　　　　　　　　b)

图 5-10　案例 5-11 的运行结果

提示：语句"document.selection.createRange().text;"可以获得当前被选择的文本。"document. selection.clear();"可以删除当前被选择的文本。

```
<html xmlns="http://www.w3.org/1999/xhtml">
<head>
<script language="javascript">
function mypush()
{
    var str=document.selection.createRange().text;
    document.selection.clear();
    document.form1.textarea2.value+="\n"+str;
}
</script>
</head>
<body>
<form id="form1" name="form1" method="post" action="">
  <label> 库存的宝贝<br />
  <textarea name="textarea" rows="4"></textarea>
    <input type="button" name="Submit" value="搬到下面" onclick="mypush()"/>
  <p>已卖出的宝贝</p>
    <textarea name="textarea2" rows="4"></textarea>
</form>
</body>
</html>
```

【**案例 5-12**】实现某网站会员申请检验。会员名由字母、数字、下划线组成，且首字符不能为数字；密码 6 位以上且和重复密码相同；其相关条款的单选框必须单击"同意"，才可以通过脚本"表单验证"，提交服务器处理。

【**案例 5-13**】完成会员登录网页，实现"即时"表单验证，即在会员或密码框填完后就出现提示信息：错误文本框边框变红，且出现提示。

```
<input id="psw" type="password"    class="register-input" onblur="checkpwd(psw)" />
<input id="repeatpsw" type="password" class="register-input" onblur="checkrpwd(psw,repeatpsw)" />
```

在脚本里加入如下代码：

```
function checkpwd(pwd){
    var infpwd=$("psw");
    if(pwd.value==""){
        infpwd.innerHTML="  请输入密码!"
        return false;
    }
    if(pwd.value.length<6){
        infpwd.innerHTML="  请输入不少于 6 位的密码!"
```

```
                return false;
        }
        infpwd.innerHTML = " 您填写的密码是合法的！";
            return true;
}
function checkrpwd(pwd,rpwd){
var infrepwd=$("repeatpsw");
if(rpwd.value==""){
infrepwd.className="font_error"
infrepwd.innerHTML=" 请输入确认密码!"
return false;
}
if(pwd.value!=rpwd.value){
infrepwd.className="font_error"
infrepwd.innerHTML=" 两次输入的密码不一致，请重新输入!"
return false;
}
            infrepwd.className = "font_true";
                infrepwd.innerHTML = " 请牢记您输入的密码！";
                    return true;
}
function $ (theId)
{return doeument.getElementById(theId).value;
}
```

【案例 5-14】实现一个随机移动的漂浮广告（见 9.2.2 节的代码和解释）。

【案例 5-15】实现跟随鼠标的小图标。

在页面上放入一个漂浮层，层上放入小图片。设层的样式表中 display 为 none，然后加入如下代码：

```
var x=0,y=0;
var flag=0;
function MousePlace()
{
        x=window.event.x;
        y=window.event.y;
        document.getElementById("Layer1").style.pixelLeft=x;
        document.getElementById("Layer1").style.pixelTop=y;
        if(flag==0)
            document.getElementById("Layer1").style.display="block";
}
```

5.7 本章小结

本章第 5.1 节介绍了事件的基本概念，学习了键盘鼠标事件、页面相关事件、表单事件、编辑事件这四种常见事件，并利用响应这些事件实现了一些网页常见特效。

第 5.2 节学习了键盘鼠标事件。通过鼠标单击事件 onclick、鼠标移入 onmouseover 和移出 onmouseout 事件、鼠标移动 onmousemove 事件、键盘按下 onkeydown 事件这几个典型事件的响应学习了键盘鼠标事件响应。

第 5.3 节学习了页面相关事件。响应其中 onload 事件可以在网页加载完成后做一些初始化工作，比如让图像处于缩小的状态，获取漂浮广告的初始位置等。onscroll 滚动事件是页面滚动时引发的，悬浮广告是网页上常见的特效之一。

第 5.4 节学习了表单相关事件，该事件主要是与表单中的对象发生的时间有关系，比如获得焦点 onfocus 事件，失去焦点 onblur 事件，内容改变 onchange 事件，提交表单 onsubmit 事件，清空表单 onreset 事件。表单验证是脚本实现网页特效的一个重要组成部分，可以减轻服务器端的工作，将一个"语法"上没有问题的表单内容提交到服务器。

第 5.5 节学习了编辑事件，该事件与文字的复制、剪切、粘贴等处理相关，主要用于网页元素 textarea、textfield 等文字容器里。

第 6 章 CSS 样式表

本章将介绍 CSS 的定义，使用常见的 CSS 属性丰富 Web 网页表现，通过 JavaScript 与 CSS 相结合，实现动态的网页特效。

教学导航

知识目标	1. 什么是 CSS 2. 掌握样式的定义及使用 3. 掌握 Style 对象 4. 掌握 CSS 属性 5. 学会使用 CSS+div 美化与布局页面 6. JavaScript 与 CSS 结合实现特效
技能目标	1. 实现细边框的文本框、图片背景按钮 2. 鼠标移入移出文本框和按钮动态变化 3. 层的弹出和消失 4. 树状菜单 5. 卡片切换 6. 二级下拉菜单
本章重点	1. 掌握 Style 对象 2. 掌握 CSS 属性 3. 学会使用 CSS+div 美化与布局页面
教学方法	案例教学　自主学习　探究训练
课时建议	8 课时

6.1 CSS 样式表基础

6.1.1 相关知识

知识点 1：样式定义的格式

CSS 是 Cascading Style Sheets 的缩写，即层叠样式表。
定义 CSS 的语句形式如下：
selector {property:value;property:value;...}
selector：选择符。
property：就是那些将要被修改的属性，如 color。

value：property 的值，比如 color 的属性值可以是 red。

当多个对象具有相同的样式定义时，多个对象之间可以用逗号分隔，例如：

```
tr,th{font:12px;margin:20px;font-color:#336699}
```

这里要注意，样式列表中的注释应写在"/* */"之间。

在 CSS 样式中有三种选择符（selector）。分别是 HTML、class 和 ID 选择符。

（1）HTML 选择符 HTML 选择符就是 HTML 的标记符，例如 p、body、a 等。如果用 CSS 定义了它们，那么在整个网页中，该标识的属性都应用定义中的设置。HTML 选择符的定义方法如下：

tag{property:value}

例如，设置表格的单元格内的文字大小为 9pt、颜色为蓝色的 CSS 代码如下：

td{ font-size: 9pt; color: blue;}

CSS 可以在一条语句中定义多个选择符，例如，将段落文本和单元格内的文字设置为蓝色的 CSS 代码如下：

td,p{color: blue;}

（2）Class 选择符 class 选择符可以分为两种，一种是相关的 class selector，它只与一种 HTML 标记有关系，它的语法格式如下：

tag.Classname{property:value}

例如，让一部分而不是全部 h1 的颜色是红色，可以使用以下代码：

```
<style>
  h1.redone{color:red}
</style>
<h1 class=redone>Java Script 网页特效案例教程<h1>
```

第二种是独立 class 选择符，它可以被任何 HTML 标记所应用。

语法

.Classname{property:value}

例如，可以将样式 blueone 应用于 h2 和 p 中的代码如下：

```
    <style>
        .blueone{color:bule}
    </style>
    <h2 class="blueone">有雨的日子</h2>
    <p class="blueone">不知是无意还是天意，有你的日子总有雨！</p>
```

显然 class 选择符应用起来会方便得多。

（3）ID 选择符 ID 选择符其实与独立的 class 选择符的功能一样，它们的区别在于语法和用法不同。

语法

#IDname{property:value}

ID 选择符的用法是在 HTML 标记中应用 ID 属性引用 CSS 样式。例如：

```
    <style>
        #redone{color:red}
    </style>
```

```
<p id="redone">红色热情</p>
```
```
<p>黑色神秘</p>
```

由于以上代码中的"红色热情"使用 id 标识引用 redone 样式，所以文字"红色热情"是红色的，而文字"黑色神秘"则仍采用默认颜色。

知识点 2：样式表位置分类

（1）嵌入样式表　用<style>标记将样式表嵌入在 HTML 文档的头部。<style>标记的属性 type 指明样式的类别，type 的默认值为 text/css。<style>标记内定义的前后加上注释符 <!--……--> 的作用是使不支持 CSS 的浏览器忽略样式表的定义。嵌入样式表的作用范围是在本 HTML 文档内。

```
<style>
CSS 样式表
</style>
```

【案例 6-1】使用嵌入样式表使得网页符合以下样式：

正文的文本采用蓝色；段落采用居中对齐；Level 1、2、3 的标题都为红色；无序列表默认采用绿色的粗体字。

代码如下：

```
<html>
<head>
<style type="text/css">;
body {color : blue }
p{text-align:center;
margin-left:20%;
margin-right:20%}
h1,h2,h3{color:red}
ul{color:green;
font-weight:bold;}
</style>
</head>
<body>
<h1>
JavaScript 网页特效
</h1>
<p>在 Web 2.0 时代，随着 XML、RSS、Ajax 等技术的涌现，JavaScript 的重要性日益凸显。JavaScript 再次</p>
<ul>
<li>本书第 1 章首先介绍了 JavaScript 的历史、发展、执行原理、版本；讲解 JavaScript 基本……语法。</li>
<li>第 2 章主要讲述函数基础，包括如何定义和调用函数。</li>
```

　　　　<li>第 3 章讲述 JavaScript 的文档对象模型 DOM。</li>
　　　</ul>
　　</body>
</html>

效果如图 6-1 所示。

图 6-1　嵌入样式表

（2）链接外部样式表　如果多个 HTML 文档要共享样式表，可以将样式表定义为一个独立的 CSS 样式文件，HTML 文档在头部用<link>标记链接到 CSS 样式文件。

<link rel="stylesheet" href="style1.css" type="text/css">

（3）引入外部的样式表　这种方式是在 HTML 文档的头部<style></style>标记之间，用 CSS 样式表的@import 声明引入外部样式表，格式如下：

<style>
　　@import URL("外部样式文件名");
　　…
</style>

例如，应用@import 声明引入外部样式表，代码如下：

@import URL("style1.css");
@import URL("http://www.mingrisoft.com/css/style2.css");

引入外部样式表的使用方式与链接到外部样式表很相似，都是将样式定义保存为单独文件。两者的本质区别是：引入方式在浏览器下载 HTML 文档时将样式文件的全部内容复制到@import 关键字位置，以替换该关键字；而链接到外部样式表的方式仅在 HTML 文档需要引用 CSS 样式文件中的某个样式时，浏览器才链接样式文件，读取需要的内容并不进行替换。

（4）内嵌样式　这种方式是在 HTML 标记中，将定义的样式规则作为标记 style 属性的值。样式定义的作用范围仅限于此标记范围之内。一个内嵌样式的应用如下：

<body style="font-family:"宋体";font-size:12pt;background:yellow">

要在一个 HTML 文档中使用内嵌样式，必须在该文档的头部对整个文档进行单独的样式

表语言声明，声明如下：

```
<meta http-equiv="Content-Type" content="text/css">
```

内嵌样式主要应用于样式仅适用于单个页面元素的情况。它将样式和要展示的内容混在一起，自然会失去一些样式表的优点，所以建议这种方式应尽量少用。

当对同一段文本应用多个层叠样式表样式时，文本中的元素将遵循样式表的作用优先顺序依次调用样式。

样式表的作用优先顺序遵循以下原则：

1）内嵌样式中所定义样式的优先级最高。

2）其他样式按其在 HTML 文档中出现或者被引用的顺序，遵循就近原则，靠近文本越近的优先级越高。

3）选择符的作用优先顺序为：上下文选择符、类选择符、id 选择符，优先级依次降低。

4）未在任何文件中定义的样式，将遵循浏览器的默认样式。

6.1.2 操作练习

将案例 6-1 中的样式表内容按照链接外部样式表和内嵌样式表的格式，重新写一遍，运行看效果。

链接外部样式表代码如下两段：

```
<head>
<link rel="stylesheet" href="第 6 章 6.1.1 节样式表.css" type="text/css">
</head>
```

第 6 章 6.1.1 节样式表.css：

```
body {color : blue }
p{text-align:center;
margin-left:20%;
margin-right:20%}
h1,h2,h3{color:red}
ul{color:green;
font-weight:bold;}
```

内嵌样式表代码如下：

```
<html>
<body style="color : blue">
<h1 style="color:red">
javascript 网页特效
</h1>
<p style="text-align:center;
margin-left:20%;
margin-right:20%">在 Web 2.0 时代，随着 XML、RSS、Ajax 等技术的涌现，JavaScript 的重要性日益…………
</p>
```

```
<ul style="color:green;
font-weight:bold;">
<li>本书第 1 章首先介绍了 JavaScript 的历史、发展、执行原理、版本；讲解 JavaScript 基本语法。
</li>
<li>第 2 章主要讲述函数基础，包括如何定义和调用函数。</li>
<li>第 3 章讲述 JavaScript 的文档对象模型 DOM。</li>
</ul>
</body>
</html>
```

6.2 常用样式组合

6.2.1 案例分析

实现如图 6-2 所示的样式：细边框样式、图片按钮样式、超链接样式。

图 6-2 常用样式组合

本案例涉及的知识点有：
- 改变颜色和背景图像
- 使用字体
- 边距和边框

6.2.2 相关知识

CSS 属性非常多，组合更加庞大，这里只介绍最常见的一些。

知识点 1：文本对齐

样式表最有用的功能之一是改变文本间距和对齐方式。使用标准的 HTML，通常没有这些功能。使用下面属性可以修改文本对齐方式和间距，文本对齐属性见表 6-1。

表 6-1 文本对齐属性

属 性	说 明
letter-spacing	指定字母之间的间距
text-decoration	允许在文本上面、下面和中间创建行，或者选择闪烁文本。属性值可以为 none、underline、overline、line-through 或 blink。大多数浏览器不支持闪烁文本
vertical-align	允许上下移动元素，以便与同一行的其他元素对齐。属性值可以是 baseline、sub、super、top、text-top、middle、text-bottom 和 bottom
text-aligh	指定文本对齐方式。属性值可以是 left、right、center 或者 justify
text-transform	修改文本的大小写。capitalize 使每个单词的首字母大写；uppercase 使所有字母大写；lowercase 使所有字母小写
text-indent	用于指定段落和其他元素的缩进量
line-height	用于指定一行文本顶部至下一行之间的距离

知识点 2：改变颜色和背景图像

样式表也可用于更好地控制网页所用的颜色和背景图像。CSS 包含下列改变颜色和背景图像的属性，见表 6-2。

表 6-2 改变颜色和背景图像的属性

属 性	说 明
color	指定元素内的文本颜色，可用于突出显示文本，或者指定文档采用特定颜色方案。可以指定颜色名称（如 red），或者用红、绿、蓝值来定义具体的颜色
background-color	指定元素的背景颜色
background-image	指定用作元素背景的图像 URL。可以用关键字 url 和括号括起来的 URL 指定。例如 url(/back.gif)
background-repeat	指定背景图像是否重复（平铺）。可以水平重复、垂直重复，或者两者都有
background-attachment	可控制滚动文档时背景是否随之滚动。Fixed 指文档滚动时背景保持静止；scroll 表示背景随文档滚动
background-position	允许偏置背景图像的位置
backgound	可快速设定列表中所有的背景元素，可在一个 background 规则中指定所有的属性

知识点 3：使用字体

样式表可控制网页文档所用的字体及其实现。可使用表 6-3 所列属性控制字体。

表 6-3 字体属性

属 性	说 明
font-family	指定元素所用的字体名称，比如 arial 或者 helvetica。CSS 规范支持几种通用的字体：serif、sans-serif、cursive、fantasy 和 monospace
font-style	指定字体风格，比如 normal（普通）、italic（斜体）或者 oblique（倾斜）
font-variant	正常的文本，值是 nomal；若值为 small-caps,则小写字母显示为小型的大写字母
font-weight	文本字体的粗细可以为 normal（正常），bold（粗体），也可指定字体的粗细为特定的数值
font-size	设定字体尺寸的点数
font	快速设定列表中所有的字体属性，可在一个 font 规则中指定所有的值

font 简写属性：在一个声明中设置所有字体属性。

说明：这个简写属性用于一次设置元素字体的两个或更多方面。使用 icon 等关键字可以适当地设置元素的字体，使之与用户计算机环境中的某个方面一致。注意，如果没有使用这些关键词，至少要指定字体大小和字体系列。

可以按顺序设置如下属性：

font-style

font-variant

font-weight

font-size/line-height

font-family

可以不设置其中的某个值，比如"font:100% verdana;"也是允许的。未设置的属性会使用其默认值。

可以在一个声明中设置所有字体属性。

例 6-1：

```
body
{
    font:italic arial,sans-serif;
}
```

font-style：italic。字体样式：斜体。

font-family: arial,sans-serif。字体是 arial，**sans-serif** 意思是如果所列出的字体都不能用，则默认的 **sans-serif** 字体能保证调用。

例 6-2：

```
body
{
    font:italic bold 12px/20px arial,sans-serif;
}
```

font-weight:bold。字的粗细：粗体字。

font-size/line-height：12px/20px。12px 指字体尺寸，20px 指的是该字体的行高。

font-family: arial,sans-serif。字体是 arial，**sans-serif** 意思是如果所列出的字体都不能用，则默认的 **sans-serif** 字体能保证调用。

知识点 4：边距和边框

样式表可以控制页面的一般布局。表 6-4 所列属性可以用于控制网页元素的边距、边框和高度、宽度。

表 6-4　控制边距和边框的属性

属　　性	说　　明
margin-top, margin-bottom, margin-left, margin-right	可把边距设置为准确的数值，也可以设置为页面宽度的百分数
margin	可以把四个边距设置为相同的值
width	可以设置元素（如图像）的宽度
height	可设置元素的高度
float	可设定文本环绕一个元素，这在处理图像（或表格）时非常有效
clear	可以指定文本不再环绕一个浮动的图像

margin 设 1 个值，则应用于所有的 4 个边界，如设 2～3 个值，则省略的值与对边相等；如设置 4 个值，则按上、右、下、左的顺序分别对应其边距。

如:img{margin:8pt 30pt 10pt}

float 属性的使用效果如图 6-3 所示。

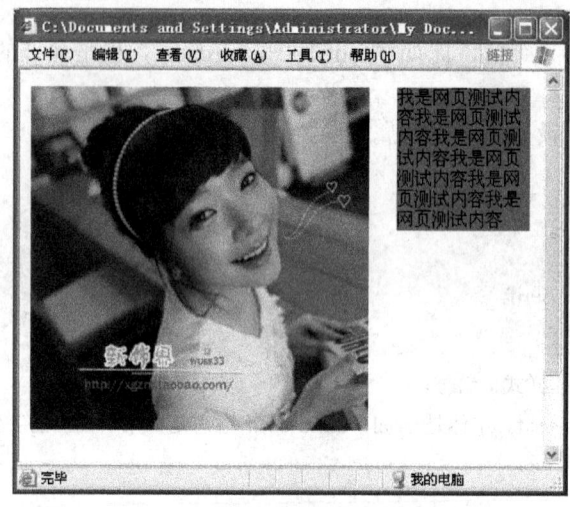

图 6-3　float 属性的使用效果

```
<html xmlns="http://www.w3.org/1999/xhtml">
<head>
<style type="text/css">
.box{width:450px; height:400px;}
.text{ width:120px; float:right; background:#0066FF;}
img{ float:left;}
</style>
</head>
<div class="box">
<div class="text">我是网页测试内容我是网页测试内容我是网页测试内容我是网页测试内容我是网页测试内容我是网页测试内容</div>
<img src="第 6 章 float 图.JPG" />
</div>
</html>
```

6.2.3　操作步骤

网页上最常见的样式组合是不带下划线的超链接、细边框样式的文本框和图片按钮。这几种组合属性见表 6-5。

表 6-5 组合属性

名 称	说 明

不带下划线的超链接	a{
	color:blue; text-decoration: none;
	} a:hover{color: red;
	}

细边框样式	.boxBorder {border-width:1px; border-style:solid; }

图片按钮样式	.picButton{
	background-image:url(images/back2.jpg);
	border:0px; margin:0px;
	padding:0px; height: 23px;
	width:82px; font-size: 14px; }

参考代码如下：

```
<html>
<head>
<style type="text/css" >
/*设置无下划线的超链接样式*/
a {
    color: blue;
    text-decoration: none;
    }
/*鼠标在超链接上悬停时变为颜色*/
a:hover{
    color: red;
    }
/*设置细边框样式*/
.boxBorder{
    border-width:1px;
    border-style:solid;

}
/*设置图片按钮样式*/
.picButton{
    background-image: url(images/back1.jpg);
    color:#0000FF;
    border: 0px;
    margin: 10px;
    padding: 2px;
    height: 23px;
```

```
    width: 82px;
    font-size: 14px;
}
</style>
</head>
<body>
<form action="" method="post">
    会员名:</td>
    <input class=boxBorder id=txtName size=15 name=txtName  >
    <密码:
    <td><input class=boxBorder id=txtPass type=password size=15 name=txtPass  >
    <input name=Button type="button" class="picButton" value=" 登    录 "  >
    <a href="#">免费注册</a>
</form>
</body>
</html>
```

解释:

1）代码中两个文本框定义了 class=boxBorder，在上面的样式表内定义了.boxBorder 的细边框样式。

2）免费注册超链接在样式表中定义了新样式，不再是蓝颜色有下划线。

3）登录文本框定义了 class="picButton"，样式表中也定义了.picButton 类的图片按钮样式。

6.2.4 操作练习

实现如图 6-4 所示的样式：鼠标移入移出改变文本框边框颜色、超链接颜色、按钮的图片背景。

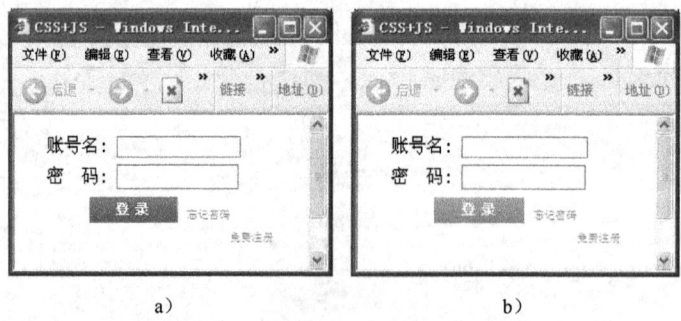

图 6-4 鼠标移入改变按钮样式

除了实现细边框的文本框、图片背景的按钮、不带下划线的超链接，还要实现：当鼠标移入文本框，文本框边变成红色；当鼠标移入"登录"按钮，按钮背景图片改变；当鼠标移入超链接，链接变成红色。

首先给文本框加上细边框样式，再让文本框响应 onmouseover 和 onmouseout 事件。

```
<style type="css">
.boxBorder{
    border-width:1px;
    border-style:solid;
    border-color:gray;
}
</style>
……
<input
class=boxBorder
onmouseover="this.style.borderColor='red'"
onmouseout="this.style.borderColor='gray'"
>
```

实现按钮图片背景的改变，类似地也在按钮里增加响应鼠标移入移出事件：

```
<style type="css">
.mouseOutStyle{
    background-image: url(按钮图 1.bmp);
    border:0px;
    margin:0px;
    padding:0px;
    height:23px;
    width:82px;
}
</style>
<input name=Button type="button" class="mouseOutStyle"
onmouseout="this.style.backgroundImage='url(按钮图 1.bmp)';"
onmouseover="this.style.backgroundImage='url(按钮图 2.bmp)';">
```

对于超链接的处理和 6.2.1 节一样。

完整代码如下：

```
<html>
<style type="text/css" >
/*设置无下划线的超链接样式*/
a {
    color: blue;
    text-decoration: none;
    font-size:10px;
    color:gray;
}
a:hover{ /*鼠标在超链接上悬停时变为颜色*/
    color: red;
```

```css
        }
    .boxBorder{
        border-width:1px;
        border-style:solid;
        border-color:gray;
    }
    .mouseOutStyle{
        background-image: url(按钮图1.bmp);
        border:0px;
        margin:0px;
        padding:0px;
        height:23px;
        width:82px;
    }
    </style>
```

账号名：
<input class=boxBorder size=15 onmouseover="this.style.borderColor='red'" onmouseout="this.style.borderColor='gray'">

密码：
<input class=boxBorder type=password size=15 onmouseover="this.style.borderColor='red'" onmouseout="this.style.borderColor='gray'">

<input name=Button type="button" class="mouseOutStyle" onmouseout="this.style.backgroundImage='url(按钮图1.bmp)';" onmouseover="this.style.backgroundImage='url(按钮图2.bmp)';">

<a href="#">忘记密码</a>
<a href="#">免费注册</a>
</HTML>

想想看如果不用 JavaScript 代码，直接利用借鉴超链接的做法行吗？

```css
a{
color:blue;
text-decoration: none;
}
a:hover{   color: red;
}
```

可以用超链接取代按钮，直接用 CSS 实现类似上面的效果。参考代码如下：

```html
<html>
<style type="text/css">
#archives{
    display:block;
    height:23px;
```

```
        width:80px;
        background-image:url("按钮图 1.bmp");
}
#archives:hover{
        background-image:url("按钮图 2.bmp");
}
#home b,#archives b{display:none;
}
</style>
<a id="archives" href="archives.html"></a>
</html>
```

6.3 层的显示隐藏效果

CSS 为定位和浮动提供了一些属性，利用这些属性，可以建立列式布局，将布局的一部分与另一部分重叠，还可以完成多年来通常需要使用多个表格才能完成的任务。

定位的基本思想很简单，它允许你定义元素框相对于其正常位置应该出现的位置，或者相对于父元素、另一个元素甚至浏览器窗口本身的位置。另一方面，CSS 中首次提出了浮动，它以 Netscape Navigator 在 Web 发展初期增加的一个功能为基础。

6.3.1 案例分析

实现如下特效：单击"地点选择"按钮，出现选择卡；单击"广东"，卡片消失，按钮值变成"广东"，如图 6-5 所示。

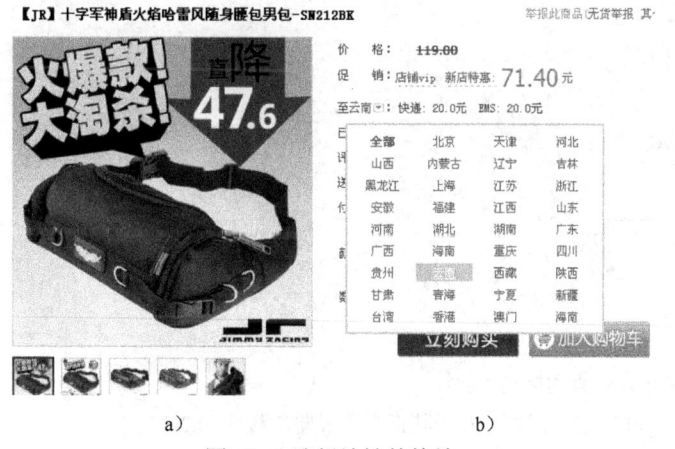

图 6-5 选择地址的特效

本案例涉及的知识点：

- 控制层的位置
- 层的显示和隐藏
- 控制层的 Z 轴位置

6.3.2 相关知识

知识点 1：position 属性

通过使用 position 属性，可以选择四种不同类型的定位，这会影响元素框生成的方式。position 属性见表 6-6。

表 6-6 position 属性

参 数 值	描 述
static	元素框正常生成。块级元素生成一个矩形框，作为文档流的一部分，行内元素则会创建一个或多个行框，置于其父元素中
ralative	元素框偏移某个距离。元素仍保持其未定位前的形状，它原本所占的空间仍保留
absolute	元素框从文档流完全删除，并相对于其包含块定位。包含块可能是文档中的另一个元素或者是初始包含块。元素原先在正常文档流中所占的空间会关闭，就好像元素原来不存在。元素定位后生成一个块级框，而不论原来它在正常流中生成何种类型的框
fixed	元素框的表现类似于将 position 设置为 absolute，不过其包含块是视窗本身

例 6-3 相对定位的代码如下：

```html
<html>
<head>
<style type="text/css">
h2.pos_left
{
position:relative;
left:-20px
}
h2.pos_right
{
position:relative;
left:20px
}
</style>
</head>
<body>
<h2>这是位于正常位置的标题</h2>
<h2 class="pos_left">这个标题相对于其正常位置向左移动</h2>
<h2 class="pos_right">这个标题相对于其正常位置向右移动</h2>
<p>相对定位会按照元素的原始位置对该元素进行移动。</p>
```

```
<p>样式 "left:-20px" 从元素的原始左侧位置减去 20 像素。</p>
<p>样式 "left:20px" 向元素的原始左侧位置增加 20 像素。</p>
</body>
</html>
```

例 6-4 绝对定位的代码如下:

```
<html>
<head>
<style type="text/css">
h2.pos_abs
{
position:absolute;
left:100px;
top:150px
}
</style>
</head>
<body>
<h2 class="pos_abs">这是带有绝对定位的标题</h2>
<p>通过绝对定位,元素可以放置到页面上的任何位置。下面的标题距离页面左侧 100px,距离页面顶部 150px。</p>
</body>
</html>
```

例 6-5 固定定位的代码如下:

```
<html>
<head>
<style type="text/css">
p.one
{
position:fixed;
left:5px;
top:5px;
}
p.two
{
position:fixed;
top:30px;
right:5px;
}
</style>
</head>
```

```
<body>
<p class="one">一些文本。</p>
<p class="two">更多的文本。</p>
</body>
</html>
```

知识点 2：display 属性

显示属性 display 适用于所有 HTML 标记，常用于层 div、图片 img 的显示和隐藏。显示属性见表 6-7。

表 6-7 显示属性

参　数　值	描　　述
block	默认值。按块显示，换行显示 用该值为对象之后添加新行
none	不显示，隐藏对象。与 visibility 属性的 hidden 值不同，其不为被隐藏对象保留其物理空间
inline	按行显示，和其他元素同一行显示

例 6-6 鼠标滑过，显示和隐藏层，如图 6-6 所示。

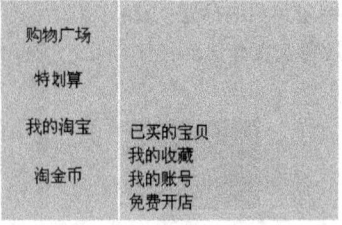

图 6-6 鼠标滑过显示和隐藏层

关键代码如下：

```
<style type="text/css">
#Layer1 {
    position:absolute;
    width:131px;
    height:84px;
    z-index:1;
    left: 132px;
    top: 162px;
    background-color: #99CC99;
    display:none;
}
</style>
    <td height="40" onmouseover="document.getElementById('Layer1').style.display='block';" onmouseout="document.getElementById('Layer1').style.display='none';">我的淘宝</td>
```

```
<div id="Layer1">
  <table>
    <tr>
      <td>已买的宝贝</td>
    </tr>
……
  </table>
</div>
```

6.3.3 操作步骤

【步骤1】布局宝贝图片，布局层。布局▼ 选择布局工具栏中的"绘制层"。

【步骤2】在 按钮上添加如下代码：

onclick="document.getElementById('Layer1').style.display='block'"

【步骤3】在"层"上布局表格，添加超链接。给超链接加上 CSS 样式：

```
a {
    color: blue;
    text-decoration: none;
}
a:hover{ /*鼠标在超链接上悬停时变为颜色*/
    color: red;
}
```

【步骤4】给每个超链接加上如下代码：

```
<a href="javascript: selectPlace('北京')" >北京</a>
function selectPlace(place)
{
    document.myform.placeButton.value=place;
    document.getElementById("placeLayer").style.display="none";
}
```

6.3.4 操作练习

【练习1】实现如图 6-7 所示的的树形菜单。

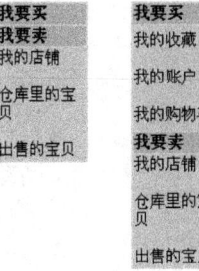

图 6-7 树形菜单

首先布局表格，在第一行放入"我要买"，第三行放入"我要卖"，第二行放入二级菜单"我的收藏""我的账户""我的购物车"，并且让此行的 display 属性为"none"。当单击"我要买"所在的单元格 td 时，则先判断二级菜单所在行是否隐藏，如果是则让其显示；否则则让其隐藏。

树形菜单完整代码如下：

```
<html>
<head>
<meta http-equiv="Content-Type" content="text/html; charset=gb2312" />
<title>无标题文档</title>
<script language="javascript">
function show1()
{
    if (document.getElementById("buy").style.display=="block")
         document.getElementById("buy").style.display="none";
    else
         document.getElementById("buy").style.display="block"
{
function show2()
{
    if (document.getElementById("sell").style.display=="block")
         document.getElementById("sell").style.display="none";
    else
         document.getElementById("sell").style.display="block";
}
</script>
</head>
<body>
<table>
  <tr>
    <td onclick="show1()">我要买</td>
  </tr>
  <tr id=buy style="display:none">
    <td><p>我的收藏</p>
       <p>我的账户</p>
       <p>我的购物车</p></td>
  </tr>
  <tr>
    <td onclick="show2( )">我要卖</td>
  </tr>
  <tr id=sell style="display:none">
    <td><p>我的店铺</p>
       <p>仓库里的宝贝</p>
       <p>出售的宝贝</p></td>
  </tr>
</table>
</body>
```

```
</html>
```

解释：display 适用于所有 HTML 标记。本题直接在 table 中使用该属性，实现下级菜单的显示和隐藏。

【**练习 2**】制作即时提醒特效：填写完"QQ 号"后去填写"密码"。如果发生了格式错误，就会出现提示，如图 6-8 所示。

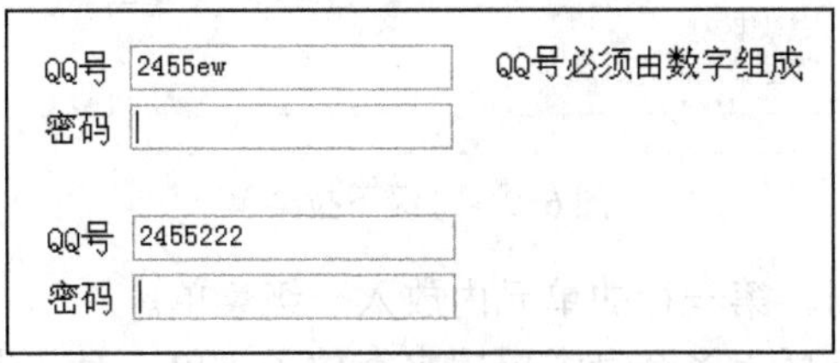

图 6-8 即时提醒

【**步骤 1**】用表格布局界面，在图 6-8 的"QQ 号必须由数字组成"的位置插入 div。布局▼ 中间的按钮可以插入层。

```
<div id="Layer1" style="display:none">QQ 号必须由数字组成</div>
```

【**步骤 2**】在文本框内插入如下代码：

```
<input type="text" name="textfield" onblur="checkName(this.value)"/>
```

【**步骤 3**】加入 checkName（）方法。

```
function checkName(name)
{
    for(var i=1;i<=name.length;i++)
    {
        if( isNaN(name.charAt(i)))
        {
            document.getElementById("Layer1").style.display="inline";
            return;
        }
    }
    document.getElementById("Layer1").style.display="none";
}
```

6.4 层的高级应用

6.4.1 二级菜单制作

实现如图 6-9 所示的二级下拉菜单。

JavaScript 网页特效案例教程

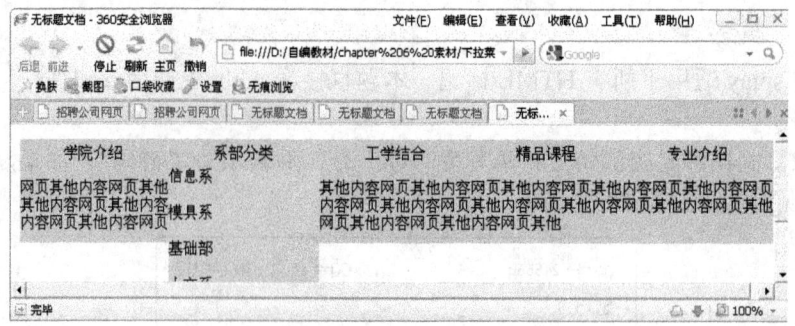

图 6-9 二级下拉菜单

【步骤1】用表格布局。第一行的单元内放入一级菜单。

【步骤2】表格第二行插入多个悬浮层用来存放子菜单,对其进行样式的设置。注意 div 的位置是放在表格的相应单元中的,并且 div 的 display 样式为 none。

【步骤 3】编写响应的鼠标响应。对于第一行的一级菜单和二级菜单所在的层均要响应 onmouseover 和 onmouseout 事件。

> **注 意**
>
> 二级子菜单定位不采用具体的数值定位,而是将其存放在其上一级菜单下面的单元格类。

二级菜单完整代码如下:

```
<html xmlns="http://www.w3.org/1999/xhtml">
<head>
<meta http-equiv="Content-Type" content="text/html; charset=gb2312" />
<title>无标题文档</title>
<style type="text/css">
<!--
.listdiv {
background-color:#CCCCFF;
    position:absolute;
    z-index:1;
    display:none;
    width:160px;
}
-->
</style>
</head>
<script language="javascript">
function show( d )
{
document.getElementById(d).style.display="block";
}
```

```
function hide( d )
{
document.getElementById(d).style.display="none";
}
</script>
<body onload="">
<table width="800px" bordercolor="black" bgcolor="#CCCCCC" border="0" cellspacing="0" cellpadding="0">
    <tr align="center">
        <td height="30"  onmouseover="show('s1')"  onmouseout="hide('s1')">学院介绍</td>
        <td onmouseover="show('s2')" onmouseout="hide('s2')">系部分类</td>
        <td onmouseover="show('s3')" onmouseout="hide('s3')">工学结合</td>
        <td onmouseover="show('s4')" onmouseout="hide('s4')">精品课程</td>
        <td>专业介绍</td>
    </tr>
    <tr height="-1">
        <td><div class="listdiv" id="s1" onmouseover="show('s1')"  onmouseout="hide('s1')" >
            <p>学院介绍 1</p>
            <p>学院介绍 2</p>
            <p>学院介绍 3</p>
            <p>学院介绍 4</p>
            <p>学院介绍 5</p>
        </div></td>
        <td   ><div class="listdiv" id="s2" onmouseover="show('s2')"  onmouseout="hide('s2')">
            <p>信息系</p>
            <p>模具系</p>
            <p>基础部</p>
            <p>人文系</p>
            <p>电气系</p>
            <p>电气系</p>
        </div></td>
        <td><div class="listdiv" id="s3" onmouseover="show('s3')"  onmouseout="hide('s3')" >工学结合内容</div></td>
        <td><div class="listdiv" id="s4" onmouseover="show('s4')"  onmouseout="hide('s4')" >
            <p>uml</p>
            <p>erp</p>
        </div></td>
        <td></td>
    </tr>
</table>
```

```
</body>
</html>
```

6.4.2 侧边二级菜单

实现侧边的二级菜单,如图6-10所示。

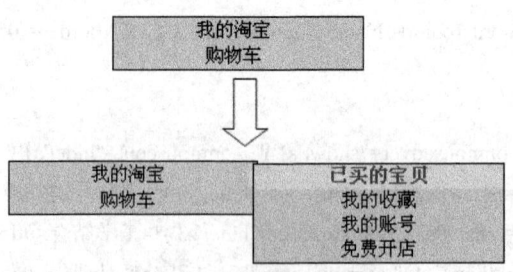

图6-10 侧边二级菜单

侧边二级菜单也是网站上常用的特效,比如个人信息管理栏,往往分成两个级别,当鼠标经过"我的淘宝",关于"我的淘宝"的二级菜单"已买的宝贝|我的收藏|我的账号|免费开店"弹出,当鼠标移到相应的菜单时,该菜单项背景变色。

【步骤1】表格有两行两列,前一列布局"我的淘宝"、"购物车",后一列放入响应的二级菜单的层。

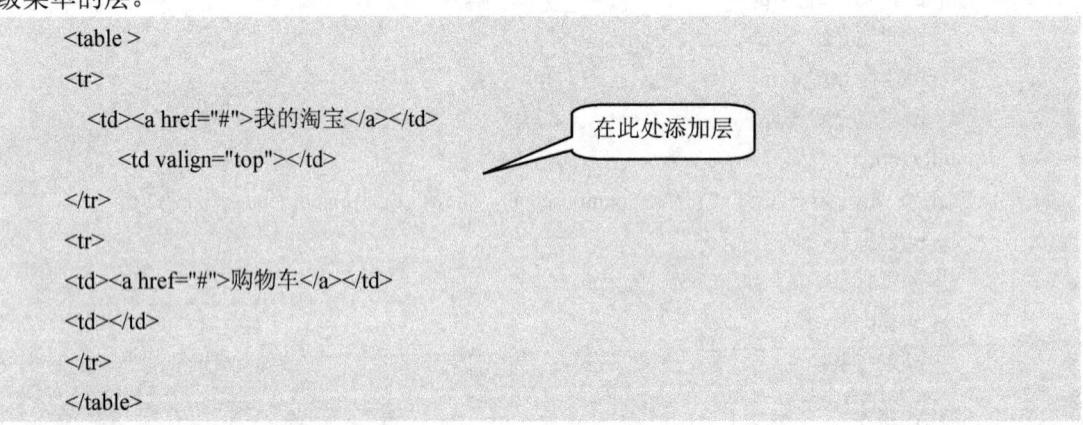

【步骤2】添加二级菜单的层。

```
    <div id="Layer1">
  <table>
    <tr>
      <td><a href="#">已买的宝贝</a></td>
    </tr>
    <tr>
      <td><a href="#">我的收藏</a></td>
    </tr>
    <tr>
      <td><a href="#">我的账号</a></td>
```

```html
        </tr>
        <tr>
          <td><a href="#">免费开店</a></td>
        </tr>
      </table>
    </div>
```

【**步骤3**】给超链接、表格、层添加样式表。使超链接没有下划线,表格只有一条细边框,层是漂浮的,并且固定在表格中,且初始的时候不显示。

```css
<style type="text/css">
#Layer1 {
    position:absolute;
    width:200px;
    z-index:1;
    display:none;
}
a {
    color: black;
    text-decoration: none;
    font-size:15px;
}
a:hover{ /*鼠标在超链接上悬停时变为颜色*/
    color: red;
    font-weight:bold;
}
table
{
border: solid #000 1px;
border-collapse: collapse;
width: 200px;
text-align:center;
}
td
{
background:silver;
}
</style>
```

【**步骤4**】添加事件响应。当鼠标移入到"我的淘宝",则"我的淘宝"二级菜单所在层显示,移出则隐藏。二级菜单本身响应鼠标移出事件,当鼠标移出二级菜单,则二级菜单隐藏。

```
<table >
<tr   onmouseover="document.getElementById('Layer1').style.display='block';"
onmouseout="document.getElementById('Layer1').style.display='none';">
    <td><a href="#">我的淘宝</a>        </td>
        <td valign="top">
        <div id="Layer1">
        <table border="0" onmouseout="document.getElementById('Layer1').style.display='none';">
            <tr><td><a href="#">已买的宝贝</a></td></tr>
            ……
        </table>
    </div>
        </td>
</tr>
<tr>
<td><a href="#">购物车</a></td>
<td></td>
</tr>
</table>
```

【步骤5】实现鼠标移到某个 td 单元格时，该单元格背景变色。

```
<script language="javascript">
var newfunc = function(com,color)
{
   return function()
   {
       com.style.backgroundColor=color; //该函数为外部定义的一个带参数
                        //的执行函数
   }
}
var group=document.getElementsByTagName("td");
for(i=0;i<group.length;i++)
{
     group[i].attachEvent('onmouseover',newfunc(group[i],'pink'));
     group[i].attachEvent('onmouseout', newfunc (group[i],'silver'));
}
</script>
```

注 意

本题让每个 td 响应 onmouseover 和 onmouseout 事件是可以的，但是会产生很多重复代码，所以这里使用 JavaScript 动态添加。

JavaScript 动态地给元素添加事件，取代在元素上写 onclick 。一般情况下直接在元素上添加事件的写法如下：

<img id="zh_img" src="xxx/xx.gif" onclick="return method1( );" />

<img id="zh_img" src="xxx/xx.gif" onclick="return method1( );" />

而在 JS 脚本中也可以动态为这个元素添加事件：attachEvent 方法，为某一事件附加其他的处理事件（不支持 Mozilla 系列）。举例：

document.getElementById("btn").onclick = method1;

也可以写成这样：

var btn1Obj = document.getElementById("btn1");

btn1Obj.attachEvent("onclick",method1);

如果是 Mozilla 系列，并不支持该方法，需要用到 addEventListener 绑定到带参数的方法，比如说直接在元素上添加事件的写法如下：

<img id="img" src="xxx/xx.gif" onclick="return myfunc(v1, v2);" />

使用绑定的方法，先要封装 myfunc(v1, v2)这个函数

```
var newfunc = function(v1,v2)
{
    return function()
    {
        myfunc(v1,v2);//该函数为外部定义的一个带参数的执行函数
    }
}
```

绑定时把参数也写入，写法如下：

var x=document.getElementById("img");//zh_img 为元素的 id

x.attachEvent("onclick",newfunc(v1,v2));

注：调用的是 newfunc，而不是直接调用 myfunc。

6.4.3 选择卡特效

实现选择卡切换，如图 6-11～图 6-13 所示。

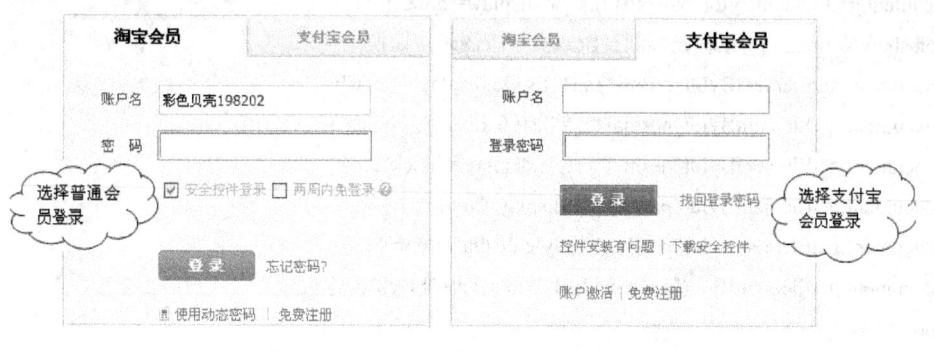

a)　　　　　　　　　　　b)

图 6-11　选择卡切换

可以使用在 div 中插入图片来实现，但更简洁的办法是直接使用图片的 display 属性访问图片 img 对象的方法：

document.getElementById("图片 id")

首先用表格布局如图 6-12、图 6-13 所示的这 6 张主要的图，使 4 个小图按照"普通会员暗图"（normalTab1）、"普通会员亮图"（normalTab2）、"支付宝会员暗图"（payTab1）、"支付宝会员亮图"（payTab2）一行布局，两张大图（normal 和 pay）一行布局。

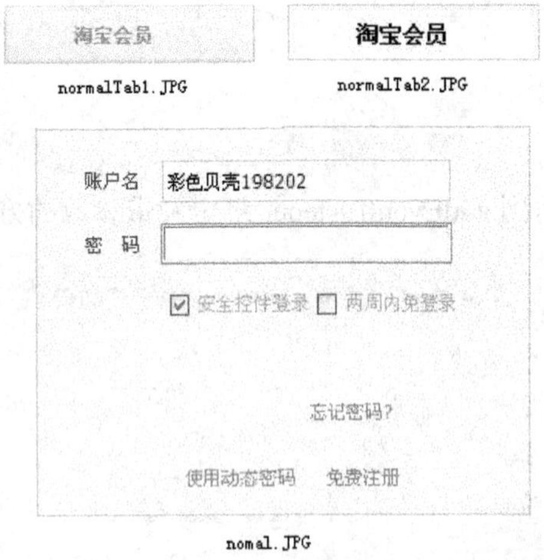

图 6-12　选择卡普通会员登录的 3 张图片 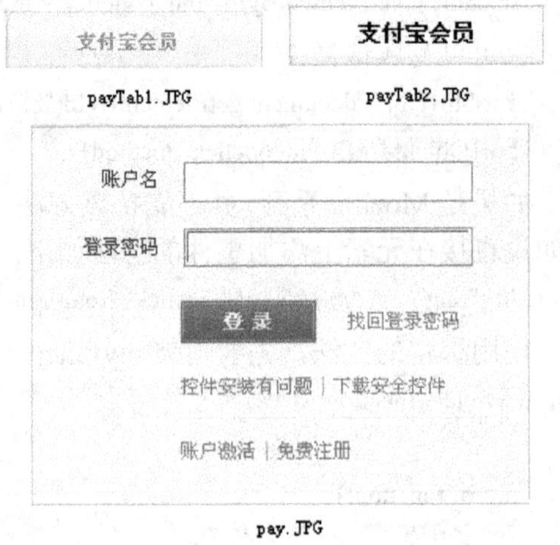　　图 6-13　选择卡支付宝会员登录的 3 张图片

对照图 6-11，初始化完成时，应该仅仅让其中三张图（比如：normal、normalTab2、normalTab1）显示，其他三张图隐藏，用来表示目前选择普通会员登录，也可以相反表现选择支付宝会员登录。脚本部分初始化如下：

当鼠标滑到"普通会员暗卡"（normalTab1）或"支付宝会员暗卡"（payTab1）时，表示用户的选择发生变化，此时要改变原选择，也就是将目前显示的三张卡隐藏，代码如下：

```
<script language="javascript">
function InitImage( ){//刚打开网页时，隐藏 3 个图。
    document.getElementById("normalTab2").style.display="none";
    document.getElementById("normal").style.display="none";
    document.getElementById("payTab1").style.display="none";   }
function showNormal( ){ //鼠标光标漂过游戏点卡暗图时，切换
    document.getElementById("normalTab1").style.display="none";
    document.getElementById("normalTab2").style.display="block";
    document.getElementById("normal").style.display="block";
    document.getElementById("pay").style.display="none";
    document.getElementById("payTab2").style.display="none";
    document.getElementById("payTab1").style.display="block";   }
</script>
<body onload="InitImage()">
<td><img id="normalTab1" src="images/normalTab1.jpg" width="83" height="47"
```

onmouseover="showNormal()"><IMG id="normalTab2" src="images/normalTab2.jpg" width="83" height="49"></td>
<td><img id="payTab1" src="images/payTab1.jpg" width="81" height="49"><IMG id="payTab2" src="images/payTab2.jpg" width="82" height="47"></td> ……

选择卡特效完整代码如下：

```
<html>
<head>
<meta http-equiv="Content-Type" content="text/html; charset=gb2312">
<title>图片的切换效果</title>
<script language="javascript">
function InitImage( )
{
    document.getElementById("normalTab2").style.display="none";
    document.getElementById("normal").style.display="none";
    document.getElementById("payTab1").style.display="none";
}
function showNormal( )
{
    document.getElementById("normalTab1").style.display="none";
    document.getElementById("normalTab2").style.display="block";

    document.getElementById("normal").style.display="block";
    document.getElementById("pay").style.display="none";

    document.getElementById("payTab2").style.display="none";
    document.getElementById("payTab1").style.display="block";
}
function showPay( )
{
    document.getElementById("normalTab1").style.display="block";
    document.getElementById("normalTab2").style.display="none";

    document.getElementById("normal").style.display="none";
    document.getElementById("pay").style.display="block";

    document.getElementById("payTab2").style.display="block";
    document.getElementById("payTab1").style.display="none";
}
</script>
```

```html
</head>
<body onload="InitImage( )">
<table border="0" align="center" cellpadding="0" cellspacing="0">
  <tr>
    <td><img id="normalTab1" src="images/normalTab1.jpg" width="83" height="47" onmouseover="showNormal()">
        <img id="normalTab2" src="images/normalTab2.jpg" width="83" height="49"></td>
    <td><img id="payTab1" src="images/payTab1.jpg" width="81" height="49" onmouseover="showPay()" >
        <img id="payTab2" src="images/payTab2.jpg" width="82" height="47"></td>
  </tr>
  <tr>
    <td colspan="2"><img id="pay" src="images/pay.jpg" width="165" height="171"><img id="normal" src="images/normal.jpg" width="164" height="169" ></td>
  </tr>
  <tr>
    <td colspan="2"><img src="images/fly.jpg" width="165" height="43"></td>
  </tr>
</table>
</body>
</html>
```

6.4.4 幻灯片放映特效

将一系列图片放在网页上，当单击图片的时候就显示下一张，这是图集中经常使用的特效。还可以把图片的快速切换修改，制作出像幻灯片一样缓慢替换的效果。

可以通过 JavaScript 制作这样一个简单的幻灯片。首先在 Web 页面中显示第一个图，当单击图片时则显示下一张。继续下去就可以看见所有的图片。显然可以通过更改 image 对象的 .src 就可以达到这个目的，这里介绍用 W3C 的 DOM 制作。

首先制作简单的单击则瞬间变化的幻灯片。

【步骤1】在 HTML 网页中加入系列图片。

```html
<img class="slide" src="pic1.JPG" width="492" height="171" />
<img class="slide" src="pic2.JPG" width="489" height="167" />
<img class="slide" src="pic3.JPG" width="489" height="166" />
<img class="slide" src="pic4.JPG" width="489" height="169" />
<img class="slide" src="pic5.JPG" width="486" height="166" />
<p>单击图片播放下一张</p>
```

【步骤2】在 script 中加入如下代码：

1）定义三个全局变量，变量 numslides 用于保存组成幻灯的图像数；变量 currentslide 用于跟踪当前正被显示的幻灯片；数组 slide 用于保存每个幻灯片的图像对象。

2）MakeSlides()函数首先使用 getElementsByTagName()来查找页面中的所有图像，并使用 for 循环穷举整个数组中的元素。循环中的第一个 if 语句用于检查图像的 className 属性。如果它不属于 slide，就不执行任何操作，继续循环。

3）把图像保存到 slides 数组中，并查找 numslides 值为 0 的图像，即数组中的第一个图。如果是第一个图，将其 display 属性设置为 block；否则，设为 none。可以保证一开始只显示一个图。

4）循环中最后一句将图像的 onclick 事件处理程序制定为 NextSlide()函数，同时将变量 numslides 的值加 1。

5）而函数 NextSlide()首先将当前被单击图像的 display 属性设为 none 以隐藏当前的幻灯片，然后将 currentslide 加 1。当用户单击最后一个幻灯片时，if 语句会把变量 currentlide 重新设置为 0，再通过设置新的幻灯图片的 display 来使之显示。

6）脚本的最后一行使用 MakeSlideShow()函数为窗口设置了一个 onload 事件处理程序。当浏览器加载页面时，该处理程序负责把图像重新安排到幻灯 slides 中。

加入代码如下：

```
var numslides=0;
var currentslide=0;
var slides=new Array();
function MakeSlideShow()
{
    imgs=document.getElementsByTagName("img");
    for(i=0;i<imgs.length;i++)
    {
        if( imgs[i].className!="slide")
            continue;
        slides[numslides]=imgs[i];
        if(numslides==0)
            imgs[i].style.display="block";
        else
            imgs[i].style.display="none";
        imgs[i].onclick=NextSlide;
        numslides++;
    }
}
function NextSlide()
{
    slides[currentslide].style.display="none";
    currentslide++;
    if(currentslide>=numslides)
        currentslide=0;
    slides[currentslide].style.display="block";
```

}
window.onload=MakeSlideShow;

尽管前面的幻灯片已经可以正常运行,但是两幅图片之间切换时间非常短暂,效果不好。可以使用 JavaScript 和 CSS 的定位属性在幻灯中创建一个图像切换动画,效果如图 6-14 所示。

a)　　　　　　　　　　b)

图 6-14　幻灯片缓慢切换效果

制作简单的单击则缓慢变化的幻灯片。

【步骤 1】将原来 Web 页面中的图片修改为用<div>布局,且其 ID 为"slide show"。该元素用于实现幻灯片之间的切换效果,并使用了 CSS 样式表。

HTML 网页部分代码如下:

```
<style type="text/css">
img.slide{
    position:absolute;
    left:0;
    top:0;
}
#slideshow{
    position:relative;
    overflow:hidden;
    width:490;
    height:170;
}
</style>
</head>

<body>
<div id="slideshow">
<img class="slide" src="pic1.JPG" width="492" height="171" />
<img class="slide" src="pic2.JPG" width="489" height="167" />
<img class="slide" src="pic3.JPG" width="489" height="166" />
<img class="slide" src="pic4.JPG" width="489" height="169" />
```

```
<img class="slide" src="pic5.JPG" width="486" height="166" />
</div>
<p>单击图片播放下一张</p>
</body>
```

上述代码使用#slideshow 规则为<div>元素之间的图像指定类型。使用 position:relative 规则为该元素和它的子元素指定位置，即默认情况下图像在网页总显示的位置。overflow 属性用于隐藏处于<div>之外的图像部分。代码最后设置层的大小和图像相符。

img.slide 规则用来设置与图片本身相关的属性。position 设置为 absolute（绝对）。与前面那个 position 值为 ralative（相对）结合，表示这里设置的图像位置是相对于其父对象的位置。图片的位置是（0，0），表示图片在<div>的左上角。开始时，所有的图叠放在一起，只有最上面的被显示。

动画幻灯需要缓慢地出现新的图和缓慢地移走旧图，不能使用 display 属性，而是使用了 z-index 属性。该属性可以控制某张图在"顶端"或者在"底端"。如果想更换幻灯，则将新图放在上方，然后将其定位到<div>的右端。最后逐步向左边切换新老图片，最终完全显示新图片。

加入 JavaScript 脚本。

```
<script language="javascript">
var numslides=0;
var currentslide=0;
var oldslide=4;
var x=0;
var slides=new Array();
function MakeSlideShow()
{
    imgs=document.getElementsByTagName("img");
    for(i=0;i<imgs.length;i++)
    {
        if( imgs[i].className!="slide")
            continue;
        slides[numslides]=imgs[i];
        if(numslides==0)
            imgs[i].style.zIndex=10;
        else
            imgs[i].style.zIndex=0;
        imgs[i].onclick=NextSlide;
        numslides++;
    }
}
function NextSlide()
```

```
        {
                slides[currentslide].style.zIndex=9;
                slides[oldslide].style.zIndex=0;;
                oldslide=currentslide;
                currentslide++;
                if(currentslide>=numslides)
                    currentslide=0;
                slides[currentslide].style.left=490;
                x=490;
                slides[currentslide].style.zIndex=10;
                AnimateSlide();
        }
        function AnimateSlide()
        {
            x=x-1;
            slides[currentslide].style.left=x;
            slides[oldslide].style.left=x-490;
            if(x>0) window.setTimeout("AnimateSlide();",10);
        }
        window.onload=MakeSlideShow;
    </script>
```

该脚本与原来不同在于：

1）引入了 oldslide，用来存储渐渐移出的图片，还添加了全局变量 x，保存幻灯片当前的水平位置。

2）没有直接设置 display 属性，而是通过 MakeSlideShow 函数，将第一个图片的 zIndex 设置为 10，同时将其他图片设置为 0。

3）NextSlide 先将当前图片的 zIndex 设置为 9，也就是放在第二个高度。然后将老幻灯片的 zIndex 设置为 0，将它转移到底部。接下来更新 oldslide 变量，再更新当前幻灯片的值。

4）NextSlide 将新幻灯片的 left 设为 490，也就是设置在最右边，因为层设置的是 overflow：hidden。所以目前先隐藏。脚本通过改变 x 的值来修改老幻灯片和新幻灯片的 left，让它们结合在一起，并且通过定时函数向左边不断移动，直到老幻灯片移出，新幻灯片移入。

6.5 其他典型案例

【案例 6-2】实现层的缓慢向下打开和缓慢向上消失。

商业网站上有些广告层出现和消失都是缓慢的，可以通过单击开关打开和关闭广告层，如图 6-15 所示。

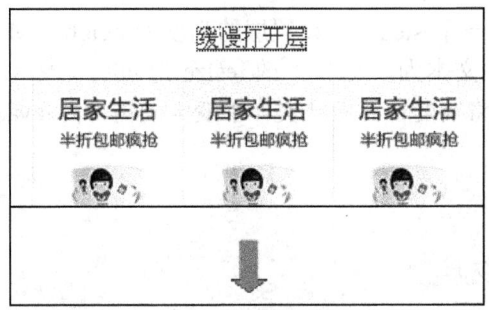

图 6-15　缓慢打开的层

首先布局超链接和层，层是漂浮层，高度设为 0，初始隐藏。超链接当按钮使用，单击时，调用 extend()函数，参数为层的 ID——"Layer"。

```
<style type="text/css">
#Layer{
    position:absolute;
    background-image:url(广告.jpg);
    border: 1px solid black;
    width:100%;
    height:0px;
    z-index:1;
    display:none;
}
</style>
<body>
<div align="center">
    <p><a id="button" href="javascript:extend('Layer')">缓慢打开层</a></p>
 </div>
    <div id="Layer">
</div>
<p>这里是网页里面的内容</p>
</body>
```

设置 JavaScript 全局变量

```
var height=0;//层目前高度
var maxheight=200;//层最大高度
var step=10;//层变化的幅度
var resize=true;//resize 为真表示层要变大，否则表示层要变小
var timer=50;//层变化的时间间隔
```

写 JavaScript 函数$(id)用来获得 ID 为参数的控件。

```
function $(id){return document.getElementById(id);}
```

写函数 extend()。首先判断全局变量 resize 的值，如果为真（表示目前层要变大），先让层显示（使它的 display 为 block）。再判断目前层的高度 height 有没有达到 maxheight，如果

没有达到，则 height 变大一个 step，再设置层的高度为 height。如果 height 已经达到了最大值 maxheight，该超链接的文本为"关闭"，改 resize 为 false（表示以后层要变小）。如果全局变量 resize 为假，则表示将要变小。做法类似于变大的情况。JavaScript 的 extend()函数代码如下：

```javascript
function extend(id)
{
    if(resize)//如果要变大
    {
        $(id).style.display="block";//使层显示
        if(height<maxheight)//还没变到最大则继续变大
        {
            height=height+step;//高度变高 10
            $(id).style.height=height+"px";//重新设置高度
            setTimeout(
                function()//每过 50ms 调用一次变大（变小）函数
                {
                    extend(id);
                }, timer
            );
        }
        else
        {
            $("button").innerHTML="关闭";//修改超链接命令为"关闭"
            resize=false;//修改层为将变小。
        }
    }
    else
    {
        if(height>0)//还没变到最小则继续变小
        {
            height=height-step;//高度变小 10
            $(id).style.height=height+"px";//重新设置高度
            setTimeout(
                function()//每过 50ms 调用一次变大（变小）函数
                {
                    extend(id);
                }, timer
            );
        }
        else
```

```
        {
            $("button").innerHTML="缓慢打开层";//修改超链接命令为"关闭"
            resize=true;//修改层为将变大。
            $(id).style.display="none";//使层隐藏
        }
    }
}
```

【案例 6-3】实现网页的即时提醒，如图 6-16 所示。

图 6-16 网页的即时提醒

【案例 6-4】实现如下网页，运行结果如图 6-17、图 6-18 所示。

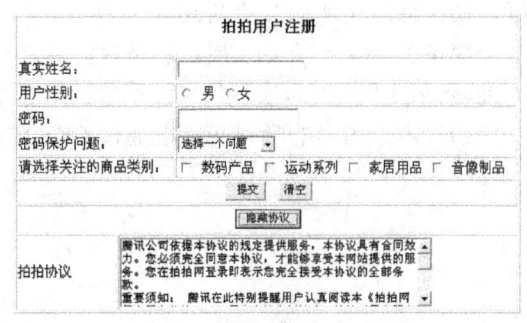

图 6-17 案例 6-4 的运行结果　　　　　　图 6-18 案例 6-4 的运行结果

【案例 6-5】实现网页中的"手机充值"和"游戏点卡"登录切换卡效果，如图 6-19 所示。

【案例 6-6】实现树状菜单，如图 6-20 所示。

【案例 6-7】实现二级下拉菜单，如图 6-21 所示。

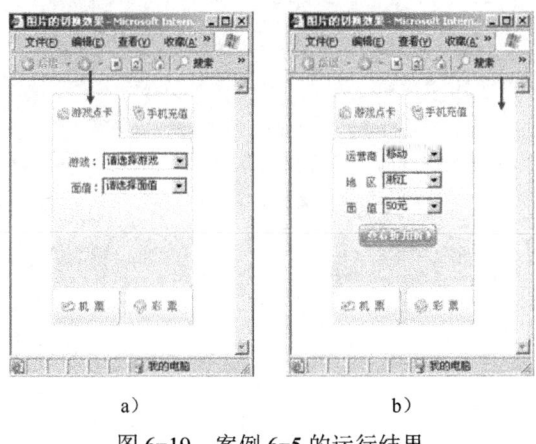

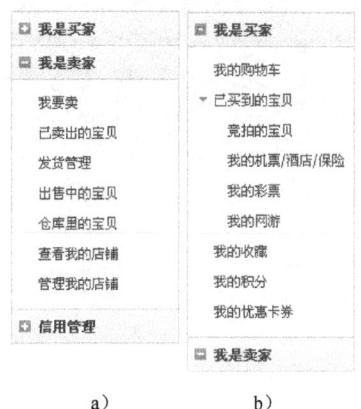

　　　a)　　　　　　　　　b)　　　　　　　　　　　　a)　　　　　　b)
　　图 6-19 案例 6-5 的运行结果　　　　　　　　图 6-20 案例 6-6 的运行结果

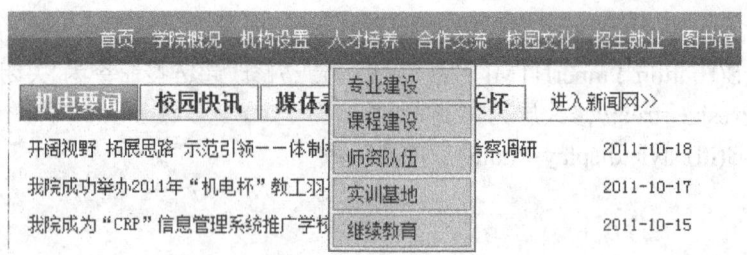

图 6-21 案例 6-7 的运行结果

6.6 本章小结

本章介绍了 CSS 样式表结合 JavaScript 实现的网页特效。

第 6.1 节介绍了 CSS 样式表基础知识,包括样式表格式、样式表位置,样式表可以帮助我们实现丰富多彩的 Web 页面。

第 6.2 节介绍了常用样式组合,如文本对齐方式、控件背景设置、改变字体、边距和边框,操作练习实现动态的 Web 网页样式。

第 6.3、6.4 节介绍了层,层是网页特效中经常使用的工具,可以实现丰富的定位效果,加入 JavaScript 代码可以实现如二级菜单、幻灯片放映、卡片切换、树形菜单这些常见的特效。

通过本章内容的学习,可以通过 CSS 样式表和 JavaScript 代码结合实现 Web 网页特效。

第 7 章　框架、音频和 Flash

本章将介绍框架的使用，以及如何使用插件播放音频和视频。

教学导航

知识目标	1. 框架的概念 2. 插件的类型 3. JavaScript 使用插件的方法 4. JavaScript 播放 Flash 和音频
技能目标	1. 使用框架 2. 播放音频 3. 播放视频
本章重点	1. 使用框架 2. 播放音频 3. 播放视频
教学方法	案例教学　自主学习　探究训练
课时建议	4 课时

7.1　使用框架

如果一个网页的左边导航菜单是固定的，页面中间的信息可以上下移动，这一般就可以认为是一个框架型网页。此外，一些框架型站点的模板在其页面上方放置了公司的 logo 或图片，这一部分也是位置固定的。而页面的其他部分则可以上下左右移动。有的框架型站点模板还会在其固定区域中放入链接或导航按钮。

在一些关于搜索引擎优化方面的文章中，基本上都认为网站用框架来设计是不可取的。这是由于大多数的搜索引擎无法识别网页中的框架，或者无法对框架中的内容进行遍历或搜索，但是这并未妨碍很多网页上使用框架结构。

7.1.1　案例分析

实现一个如图 7-1 所示的框架结构。单击框架，则先弹出框架的名称，再改变其页面颜色为红色。直到 4 个框架内页面都变成红色。

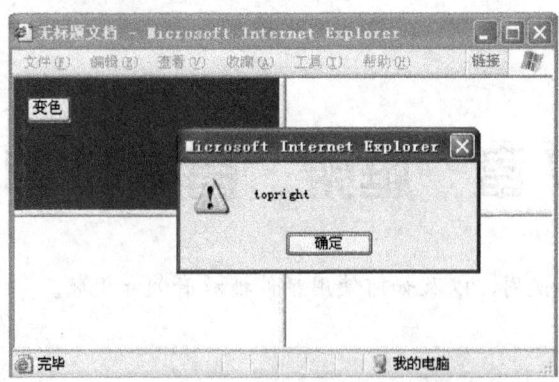

图 7-1 使用框架

本案例涉及的知识点：
- 框架对象
- 框架数组

7.1.2 相关知识

知识点 1：框架对象

在一个窗口含有多个框架时，每个框架在 JavaScript 中都由一个 frame 对象表示。该对象等效于一个 window 对象，但是用于专门处理框架。frame 对象的名称与在<frame>标记中指定的 name 属性一致。

```
<frameset rows="*,*" cols="*,*" frameborder="no" >
  <frame   name="topleft" src="" />
  <frame   name="topright" src="" />
  <frame   name="bottomleft" src="" />
  <frame   name="bottomright" src="" />
</frameset>
```

这样一个 HTML 就被划分成 4 个部分。如果在 topleft.html 文档中有 JavaScript 程序，会把其他窗口引用为 parent.topright、parent.bottomleft 和 parent.bottomright。window 和 self 关键字会引用这个 topleft 框架。

知识点 2：框架数组

在文档中可以用名称来引用框架，还可以用 frames 数组。这个数组存储的是文档中每个框架的信息。

对于四个框架的文档来说：

window.parent.frames[0]等效于 topleft 框架；

window.parent.frames[1]等效于 topright 框架；

window.parent.frames[2]等效于 bottomleft 框架；

window.parent.frames[3]等效于 bottomright 框架；

7.1.3 操作步骤

通过"修改"、"框架页","拆分"可以将页面分成四个部分，也可以用知识点 1 的代码拆分。把窗口划分为四个框架的 HTML 文档：

```
<frameset rows="213,213">
    <frameset cols="492,493">
        <frame name="topleft" src="1.html" />
        <frame src="2.html" name="topright"  />
    </frameset>
    <frameset cols="492,493">
        <frame src="3.html" name="bottomleft" />
        <frame src="4.html" name="bottomright"/>
    </frameset>
</frameset>
```

html 内的代码：

```
<script language="javascript">
function change()
{
    group=window.parent.frames;
    for (var i=0;i<group.length;i++)
    {
        alert(group[i].name);
        group[i].document.bgColor="red";
    }
}
</script>
<input type="button" name="Submit" value="变色" onclick="change()" />
```

7.1.4 操作练习

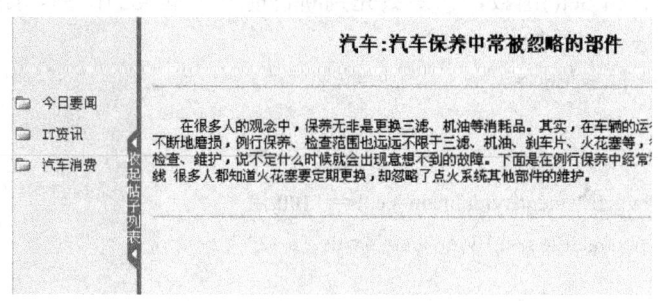

图 7-2　控制框架

实现如图 7-2 所示的框架，单击中间的蓝色部分"收起帖子列表"，则左边框架消失，同时蓝色部分变成"展开帖子列表",再次单击则左边列表出现。

首先写含框架的页面:

```
<frameset id="main" name="main" cols="100,12,*" frameborder="0" framespacing="0">
<frame id="leftframe" name="leftframe" src="left.htm" scrolling="auto">
<frame id="midframe" name="midframe" src="mid.htm" scrolling="auto">
<frame id="rightframe" name="rightframe" src="news.htm" scrolling="auto">
</frameset>
```

其中三个框架分别是左边列表,中间的控制部分,右边是内容。

中间框架 mid.html 内的 JS 代码,设 flag 全局变量用来表示目前属于"有左边列表"的状态。函数 Click 判断 flag,如果为真,则修改单击部分的图和标题 title。否则进行相反操作,同时修改 flag 的值。其中 Set()方法是框架页面内的修改框架所占比例的函数。

```
<script type="text/javascript">
  var flag=true;
  function Click(){
    if(flag){
      document.getElementById("arrow").src="dis.gif";
      document.getElementById("arrow").title="显示帖子标题列表";
    }else{
      document.getElementById("arrow").src="hide.gif";
      document.getElementById("arrow").title="隐藏帖子标题列表";
    }
    flag=!flag;
    parent.Set();
  }
</script>
<a href="javascript:Click();" hidefocus="true">
<img src="frame_img/hide.gif" width="12" height="122" id="arrow" name="arrow" title="隐藏帖子标题列表">
</a>
```

在框架页面中添加 Set()函数,该函数先判断目前三个框架的比例。如果隐藏左边列表,则展开列表,否则进行相反操作。

```
<script language="javascript">
function Set()
{
    if (document.getElementById("main").cols=="100,12,*")
        document.getElementById("main").cols="0,12,*";
    else
        document.getElementById("main").cols="100,12,*";
}
```

		</script>

最后在 left.html 添加如下代码：

```
<li><a href="news.htm" target="rightframe">今日要闻</a></li>
<li><a href="it.htm" target="rightframe">IT 资讯</a></li>
<li><a href="auto.htm" target="rightframe">汽车消费</a></li>
```

7.2 播放音频

7.2.1 案例分析

单击按钮播放音乐。
本案例涉及的知识点：
- 音频格式
- 音频插件
- 嵌入音频
- JavaScript 控制音频

7.2.2 相关知识

知识点 1：音频格式

音频格式非常多，这里介绍几种 Web 常见的音频格式。
.au（即 Audio Unit），浏览器支持的最早的音频格式，目前仍被广泛使用。
.wav，标准 Windows 音频格式，通常由 Windows 系统中的 Media Player 播放
.mp3，大文件的压缩格式，大多数浏览器没提供 mp3 插件，但很多用户会安装这些插件。
.mid，与音频文件不同，MIDI 文件通过一套指令标准保存了用于再现音乐的音律信息。
尽管有时需要安装相应的浏览器插件，不过大多数计算机都对 MIDI 音乐提供了支持。

知识点 2：音频插件

大多数情况下，浏览器中需要安装插件才能播放语音，但目前音频插件应用非常广泛，而且大多数用户都已经安装了若干个音频插件。目前流行的插件有 QuickTime、Windows Media Player、RealPlayer、Flash。

知识点 3：嵌入音频

如下代码在 HTML 文档中插入音频。1.au 是音频文件的名字，autostart 控制了音频是否加载完就自动播放。代码中指定播放器的 width 和 height 为 0，如果不是 0，则显示有"Play（播放）"、"Pause（暂停）"和"Stop（停止）"按钮的播放器。

```
<embed id="music" src="1.au" width="0" height="0" autostart="false" enablejavascript="true"/>
```

知识点 4：播放音频

Play()开始播放音频，Stop()停止播放，Rewind()回到音频开始处。

知识点 5：异常处理音频播放

因为目前没有一种被所有浏览器都支持的音频插件，所以最好使用异常测试语句，一旦遇到不支持的音频插件，就应该显示警告。比如 RealPlayer 插件使用 DoPlay()方法，而其他大部分插件使用 Play()方法。

```
try
{
    sound.Play()
}catch(e){
    try{
        sound.DoPlay()
    }catch(e){
        alert("不支持音频播放");
    }
}
```

7.2.3 操作步骤

在 Web 页面中放入一个音频，设其 ID 为 music，再放入一个按钮，响应 onclick 事件，函数为 PlayMusic()。代码如下：

```
function PlayMusic()
{
    sound=document.getElementById("music");
    try
    {
        sound.Play()
    }catch(e){
        try{
            sound.DoPlay()
        }catch(e){
            alert("不支持音频播放");
        }
    }
}
```

7.3 播放 Flash

7.3.1 案例分析

实现如图 7-3 所示的 Flash 控制效果,可以停止、播放、跳转帧等功能。

本案例涉及的知识点:
控制 Flash 的基本方法

7.3.2 相关知识

Flash Methods 是指能运行在脚本语言中并能与 Flash 沟通的一组特定函数,是 FS Command 运用的核心部分。使用 FS Command 时,经常要使用 Flash Methods 中的函数。它能控制 Flash 动画的跳转,能向 Flash 发送和接受变量而且能获取和设置 Flash 中的电影夹子属性等。这些语句足以能涵盖 Flash 的各项功能。表 7-1 是常见的 Flash Methods。

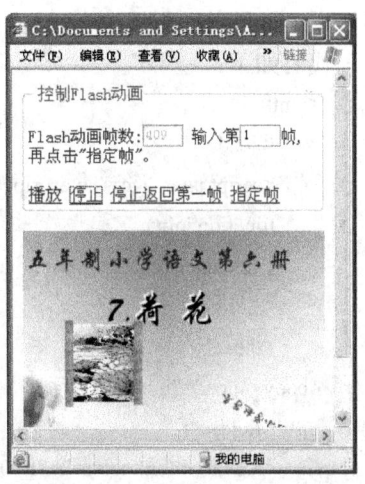

图 7-3 控制 Flash 播放

表 7-1 常见的 Flash Methods

函 数 名	解 释
Play()	使已停止了的 FLASH 动画在停止处开始播放
StopPlay()	停止正在播放的 Flash 文件
IsPlay()	如果 Flash 文件正在播放中,此函数值为 true
GotoFrame(int frameNum)	控制 Flash 跳到指定的帧
TotalFrames()	传回 Flash 动画的总帧数
CurrentFrame()	传回 Flash 动画目前所在的帧数减一 FS Command 控制的帧都是由 0 开始的
Rewind()	控制 Flash 动画跳回第一帧并停止
SetZoomRect(int left,int top,int right,int bottom)	放大指定的坐标区域(int left=左坐标的整数;int right 为右坐标的整数;int top 和 int bottom 分别表示上坐标和下坐标的整数)
Zoom(int percent)	改变 Flash 动画的大小。此函数只允许你将放大后的图片缩小到原图片的大小
Pan(int x,int y,int mode)	平移放大后的 Flash 动画。x,y 表示移动目的地的 x 轴和 y 轴的坐标;int mode 表示坐标的单位,但其值为 "0" 时,以像素为单位,为 "1" 时,以百分比为单位。
PercentLoaded()	回传 0~100 的值,此值为浏览器载入 Flash 的百分比。可用此功能制作 loading 画面

7.3.3 操作步骤

插入一个 Flash 动画,将它的 ID 设为 wgzc,然后按照图 7-3 所示布局文本框和超链接。

响应 onload 事件，获得 Flash 总帧数。然后给超链接写单击函数，完成"播放"、"停止""跳转"和"返回第一帧"功能。

代码如下：

```html
<html>
    <head>
        <script language="javascript">
        function init()
        { document.changeframe.totalfrm.value=document.wgzc.totalframes }
        </script>
    </head>
    <body onload="init()">
        <fieldset>
        <legend><font color="#FF0000">控制 Flash 动画</font></legend>
        <form name="changeframe">
        Flash 动画帧数：<input name="totalfrm" type="text" size=4 value="1" disabled>
        输入第<input name="framenum" type="text" size=4 value="1">帧,再单击"指定帧"。
        </form>
        <a href="#" onclick="javascript:document.wgzc.play()">播放</a>
        <a href="#" onclick="javascript:document.wgzc.stopplay()">停止</a>
        <a href="#" onclick="javascript:document.wgzc.rewind()">停止返回第一帧</a>
        <a href="#" onclick="javascript:document.wgzc.gotoframe(document.changeframe.framenum.value)">指定帧</a><center>
        </fieldset>

        <object classid="clsid:D27CDB6E-AE6D-11cf-96B8-444553540000"
        codebase="http://download.macromedia.com/pub/shockwave/cabs/flash/swflash.cab#version=7,0,19,0"
        id=wgzc width="300" height="240">
            <param name="movie" value="荷花.swf">
            <param name="quality" value="high">
            <embed src="荷花.swf" quality="high" pluginspage="http://www.macromedia.com/go/getflashplayer" type="application/x-shockwave-flash" width="600" height="480"></embed>
        </object>
    </body>
</html>
```

提示：

函数名	使用	作用
play()	wgzc.play()	播放 Flash 动画
stopplay()	wgzc.stopplay()	停止播放 Flash 动画
rewind()	wgzc.rewind()	停止播放 Flash 动画并返回第一帧

totalframes()	wgzc.totalframes()	返回 Flash 动画总帧数
gotoframe(int num)	wgzc.gotoframe(int num)	转到指定帧

7.3.4 操作练习

完成一个可以控制大小的 Flash 界面。在过去，Flash 是无法做到随内容的增减而缩放场景的，在 Flash player 6 以后，可以利用 Stage 的属性控制 Flash 影片的固定比例(Stage.scaleMode = "noScale";)和靠左上角(Stage.align="TL";)。整个影片发布时是百分比大小，它根据包围着它的 Table 调节；Table 大小都是百分比，根据它所处的 Layer(div)大小调节，因此控制 Layer 大小——Table 的大小——改变 Flash 影片的大小。每次 Flash 要改变大小时，就利用 getURL 调用 html 中的 JavaScript 函数，那个 JavaScript 函数就改变 Layer 的大小，原理就是这样简单。

```
<html>
<head>
<title>Flash Resize</title>
<script language="JavaScript">
<!--
function newSize(dataX,dataY) {
if(document.all && !document.getElementById) {
document.all['miFlash'].style.pixelWidth = dataX;
document.all['miFlash'].style.pixelHeight = dataY;
}else{
document.getElementById('miFlash').style.width = dataX;
document.getElementById('miFlash').style.height = dataY;
}
}
//-->
</script>
<style type="text/css">
<!--
td {
font-family: Arial, Helvetica, sans-serif;
}
-->
</style>
</head>
<body bgcolor="#ffffff" leftmargin="0" topmargin="0" leftmargin="0" rightmargin="0" onload="javascript: newSize(1,1);">
<table border="0" cellspacing="0" cellpadding="0" width="100%">
```

```html
<tr bgcolor="#eeeeee">
<td>This is HTML</td>
</tr>
<tr>
<td> <div id="miFlash" style="position:relative; width:1px; height:1px; z-index:1">
<table height="100%" width="100%" border="0" cellspacing="0" cellpadding="0">
<tr>
<td> <object classid="clsid:d27cdb6e-ae6d-11cf-96b8-444553540000" codebase="http://fpdownload.macromedia.com/pub/shockwave/cabs/flash/swflash.cab#version=7,0,0,0" width="100%" height="100%" id="flashResize" align="middle">
<param name="allowScriptAccess" value="sameDomain" />
<param name="movie" value="flashResize.swf" />
<param name="loop" value="false" />
<param name="menu" value="false" />
<param name="quality" value="high" />
<param name="scale" value="noscale" />
<param name="salign" value="lt" />
<param name="bgcolor" value="#ffffff" />
<embed src="flashResize.swf" loop="false" menu="false" quality="high" scale="noscale" salign="lt" bgcolor="#ffffff" width="100%" height="100%" name="flashResize" align="middle" allowScriptAccess="sameDomain" type="application/x-shockwave-flash" pluginspage="http://www.macromedia.com/go/getflashplayer" />
</object> </td>
</tr>
</table>
</div> </td>
</tr>
<tr bgcolor="#eeeeee">
<td>This is HTML</td>
</tr>
</table>
</body></html>
```

提示：

Flash 大小是 100%，固定比例和靠左上角；Layer 的大小默认是 1pix×1pix，因此 Flash 一开始要调用 newSize()，将 Layer 大小改为目前的 Flash 大小，否则就看不到 Flash。

Flash 中加如下代码：

```
function setFlashSize(w:Number, h:Number):Void {
    getURL("javascript :newSize("+w+", "+h+")");
}
```

以后只要有任何影片大小改变，就再调用 setFlashSize()——getURL——javascript：newSize()；

7.4 本章小结

本章介绍了框架的使用，通过 JavaScript 控制播放音频和 Flash。

每个 window 对象有一个 frames 数组。对于普通的 Web 页面，这个数组是空的，其属性 length 为 0。带有 frameset 的页面，按照其上<frame>标记的前后顺序，生成一个 frames 数组。由于 frameset 所在页面是每个 frame 的 parent 窗口，数组索引从 0 开始。 frames 数组中的每一个成员都是一个窗口，它们具有普通窗口的一切方法、事件以及属性。

网页中常常会有音频和视频的插入，使用音频插件和视频插件提供的方法可以轻松地在 JavaScript 中对其播放、停止进行控制。

第 8 章　Ajax 技术

Ajax 是 JavaScript、XML、CSS、DOM 等多种已有技术的组合，它可以实现客户端的异步请求操作，实现在不需要刷新页面的情况下与服务器进行通信，从而减少了用户的等待时间。

教学导航

知识目标	1．什么是 Ajax 2．Ajax 技术的组成 3．实现 Ajax 的基本步骤 4．Ajax 程序库
技能目标	Ajax 实现及时更新信息
本章重点	1．Ajax 技术的组成 2．实现 Ajax 的基本步骤 3．Ajax 程序库
教学方法	案例教学　自主学习　探究训练
课时建议	4 课时

8.1　Ajax 介绍

JavaScript 的缺陷之一是无法与 Web 服务器进行通信，如果要把数据传送给服务器，就需要提交一个页面。如果要获取数据也需要加载和显示一个新页面。

Ajax（异步 JavaScript 和 XML）是解决上述问题的。Ajax 并不是一门新的语言或技术，它是 JavaScript、XML、CSS、DOM 等多种已有技术的组合，可以实现客户端的异步请求操作。这样可以实现在不刷新页面的情况下与服务器进行通信，从而减少了用户的等待时间。

在传统的 Web 应用模式中，页面中用户的每一次操作都将触发一次返回 Web 服务器的 HTTP 请求，服务器进行相应的处理（获得数据、运行与不同的系统会话）后，返回一个 HTML 页面给客户端。而在 Ajax 应用中，页面中用户的操作将通过 Ajax 引擎与服务器端进行通信，然后将返回结果提交给客户端页面的 Ajax 引擎，再由 Ajax 引擎来决定将这些数据插入到页面的指定位置。

使用 Ajax 的优点具体表现在以下几方面。

1）减轻服务器的负担。Ajax 的原则是"按需求获取数据"，可以最大限度地减少冗余请求和响应对服务器造成的负担。

2）可以把一部分以前由服务器负担的工作转移到客户端，利用客户端闲置的资源进行处理，减轻服务器和带宽的负担，节约空间和宽带租用成本。

3）无刷新更新页面，从而使用户不用再像以前一样在服务器处理数据时，只能在白屏前焦急地等待。Ajax 使用 XMLHttpRequest 对象发送请求并得到服务器响应，在不需要重新载入整个页面的情况下，就可以通过 DOM 及时将更新的内容显示在页面上。

4）可以调用 XML 等外部数据，进一步促进 Web 页面显示和数据的分离。

5）基于标准化的并被广泛支持的技术，不需要下载插件或者小程序（applet）。

8.1.1　Ajax 运行机制

JavaScript 的工作方式前面介绍过，它是客户端程序，与服务器通信方式只有提交表单。远程脚本使这种通信可以更加丰富。Ajax 中 A 表示异步，表示浏览器无需等待服务器的响应。运行机制如下：

1）脚本创建一个 XMLHttpRequest 对象，然后将其发送给服务器，接下来可以继续发送请求。

2）服务器通过发送包含内容的文件表示响应。

3）当接到响应后，相应的 JavaScript 函数就被触发，处理相关数据。

4）脚本通常用 DOM 来显示服务器的数据，从而无需再次刷新页面。

服务器端程序

应用程序驻留在 Web 服务器上的那部分被称为后台。最简单的后台是静态文件，最常见的是 JSP、PHP、Perl 程序等。

JavaScript 可以使用 GET（或者 POST）方式向服务器应用端发送数据，事实上与 HTML 表单工作方式类似。

8.1.2　XML 介绍

Ajax 中的 x 代表 XML，XML 是 Extensible Markup Language（可扩展的标记语言）的缩写，它提供了用于描述结构化数据的格式。Ajax 与服务器交换的数据，通常采用 XML 格式，但也可以是基于文本的其他格式。

8.1.3　Ajax 典型应用

Ajax 的典型应用有 Google 的 Gmail 邮件服务，该服务使用 Ajax 技术快速响应用户的邮件服务应用程序，无需加载新页面就可以删除消息或执行其他任务。远程脚本已经广泛应用于整个 Web 中，但和过去相比，等待加载页面的时间大大减少了。

8.2　XMLHttpRequest 对象

Ajax 技术之中，最核心的技术就是 XMLHttpRequest，它是一个具有应用程序接口的 JavaScript 对象，能够使用超文本传输协议（HTTP）连接一个服务器。通过 XMLHttpRequest 对象，Ajax 可以像桌面应用程序一样只同服务器进行数据层面的交换，而不用每次都刷新页面，也不用每次都将数据处理的工作交给服务器来做。

8.2.1 创建请求

在使用 XMLHttpRequest 对象发送请求和处理响应之前，首先需要初始化该对象。由于 XMLHttpRequest 不是一个 W3C 标准，所以对于不同的浏览器，初始化的方法也是不同的。

(1) IE 浏览器　IE 浏览器把 XMLHttpRequest 实例化为一个 ActiveX 对象。具体方法如下：

var http_request = new ActiveXObject("Msxml2.XMLHTTP");

或者

var http_request = new ActiveXObject("Microsoft.XMLHTTP");

上面语法中的 Msxml2.XMLHTTP 和 Microsoft.XMLHTTP 是针对 IE 浏览器的不同版本而进行设置的。

(2) 其他浏览器　Mozilla、Safari 等其他浏览器把它实例化为一个本地 JavaScript 对象。具体方法如下：

var http_request = new XMLHttpRequest();

为了提高程序的兼容性，可以创建一个跨浏览器的 XMLHttpRequest 对象。方法很简单，只需要判断一下不同浏览器的实现方式。如果浏览器提供了 XMLHttpRequest 类，则直接创建一个实例，否则使用 IE 的 ActiveX 控件。具体代码如下：

```
if (window.XMLHttpRequest) {    //其他浏览器
    ajaxreq = new XMLHttpRequest();
}
else if (window.ActiveXObject) { //IE 浏览器
    try {
        ajaxreq = new ActiveXObject("Msxml2.XMLHTTP");
    } catch (e) {
        try {
            ajaxreq = new ActiveXObject("Microsoft.XMLHTTP");
        } catch (e) {}
    }
}
```

8.2.2 打开 URL

XMLHttpRequest 对象的 open()方法用于设置进行异步请求目标的 URL。请求方法以及其他参数信息。具体语法如下：

open("method","URL"[,asyncFlag[,"userName"[, "password"]]]);

在上面的语法中，method 用于指定请求的类型，一般为 GET 或 POST；URL 用于指定请求地址，可以使用绝对地址或者相对地址，并且可以传递查询字符串；asyncFlag 为可选参数，用于指定请求方式，同步请求为 true，异步请求为 false，默认情况下为 true；userName 为可选参数，用于指定求用户名，没有时可省略；password 为可选参数，用于指定请求密码，没有时可省略。

open()方法需要指定文件名和向服务器传递数据的方式：GET 或 POST。
open("GET","filename");

8.2.3 发送请求

XMLHttpRequest 对象的 send()方法用于向服务器发送请求。如果请求声明为异步，该方法将立即返回，否则将等到接收到响应为止。具体语法格式如下：
send(content);
在上面的语法中，content 用于指定发送的数据，可以是 DOM 对象的实例、输入流或字符串。如果没有参数需要传递可以设置为 null。

8.2.4 等待响应

请求被发送后，脚本将继续执行而不会等待结果，所以需要使用时间处理程序进行检测。XMLHttpRequest 提供了 onreadystatechange 事件。可以自己创建一个处理函数，其中 ajaxreq 为 XMLHttpRequest 对象。
ajaxreq.onreadystatechange=myFunc;
XMLHttpRequest 的 readyState 属性有五种状态代表请求的状态：
0 代表新的请求，未初始化。
1 代表正在加载。
2 代表已加载。
3 代表交互中。
4 代表完成。
事件处理程序需要检测该属性。当一个请求完成后，XMLHttpRequest 的 state 被设置成 200，信息保存在 responseText 属性和 responseXML 属性中作为响应。如果发生错误，将被设置成错误代码，并保存错误信息。下面代码获得响应数据：

```
ajaxreq.open("post","ajax.asp");
//创建 HTTP 请求
ajaxreq.onreadystatechange = function(){
//定义函数
    if(ajaxreq.readyState == 4){
    //判断 readystate 属性值
        if(ajaxreq.status==200 || ajaxreq.status==0){
        //判断 status 属性值
            tet= ajaxreq.responseText;
            //获取返回的数据
            document.write(tet);
        }
    }
}
```

ajaxreq.send(null);
//发送 HTTP 请求

8.2.5 局部更新

使用 DOM 技术更新标记间的文本。IE 浏览器和 NetscapeNavigator 浏览器都支持 DOM。在 DOM 中可以修改标记间的文本内容。在 DOM 中使用 getElementById()方法可以通过元素的 ID 属性值来查找到标记（或者说是节点），然后通过 firstChild 属性获得节点下的第一个子节点，再使用节点的 nodeValue 属性来更改节点的文本内容。使用 DOM 技术更新标记间文本内容的程序代码如下：

```
<html>
<head>
<script language="javascript" type="text/javascript">
function Data_change()
{
    var node=document.getElementById("showdata");   //获取标记
    node.firstChild.nodeValue="新数据";              //更新标记内的文本内容
}
</script>
</head>
<body>
<div id="showdata">原数据</div>
  <input type="submit" name="Submit" value="数据更新" onclick="Data_change()">
</body>
</html>
```

8.3 操作练习

制作一个答题页面，用 Ajax 更新题目和检测答案，如图 8-1 所示。

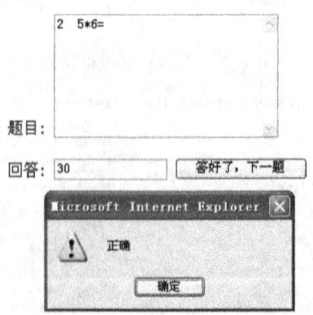

图 8-1　更新题目和检测答案的运行结果

【步骤 1】首先要配置服务器端，可以用自己的电脑作为服务器，这里使用 IIS 服务器。

打开控制面板->管理工具->信息服务，查看是否有网站和是否已经运行，如果没有，需下载 IIS 服务器包安装。"我的网页"是自己创建的文件夹，里面存放一个 test.xml 文档，作为服务器的一个 Web 页面，如图 8-2 所示。

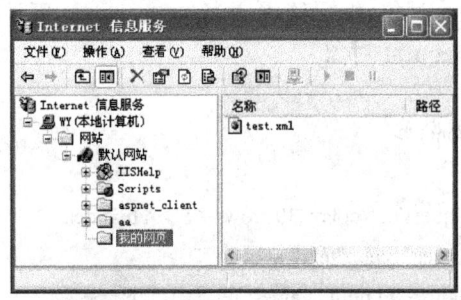

图 8-2　配置 IIS 服务器

test.xml 文档代码：

```
<?xml version="1.0" encoding="gb2312"?>
<questions>
<q>
1. run the programe,i will be____
var i, s=0;
for (i=1; i<4; i+=2) s+=i
A. 1, B. 3    C.4    D.5
</q>
<a>D</a>
<q>
2.run the programe,s will be____
var i, s=0;
for (i=1; i<4; i+=2) s+=i
A. 1, B. 3    C.4    D.5
</q>
<a>C</a>
<q>
3. run the programe,what is the loop time?____
var    s=0, i=1;
while (n<10)
{
s+=(n+1)*(n+1);
n+=3
A. 3      B. 4     C. 5     D.6
</q>
<a>A</a>
</questions>
```

【步骤 2】 编写能获得服务器端 test.xml 页面的 JS 代码和 HTML 网页。HTML 代码生成一个页面，里面有放题目的文本域，放答案的文本框和下一题的按钮。响应 onload 事件，调用 JS 函数。JS 函数主要用于获得 test.xml 内容。首先需要根据浏览器的版本和型号来用不同的方法产生 XMLHttpRequest 对象，然后给 onreadystatechange 事件添加合适的事件处理程序，最后打开和发送 XMLHttpRequest 对象。

HTML 代码：

```html
<body onload="ajaxFunction();">
<form name="myForm">
    题目:<textarea name="question" cols="30" rows="8"></textarea>
    用户:<input name="answer" type="text" onblur="" />
    <input type="button" name="Submit" value="答好了，下一题">
</form>
</body>
```

JS 代码：

```javascript
function ajaxFunction()
{
        var xmlHttp;
        try {        // Firefox, Opera 8.0+, Safari
                xmlHttp=new XMLHttpRequest();
        } catch (e) {     // Internet Explorer
                try {
                        xmlHttp=new ActiveXObject("Msxml2.XMLHTTP");
                } catch (e){
                        try {
                                xmlHttp=new ActiveXObject("Microsoft.XMLHTTP");
                        }catch (e){
                                alert("您的浏览器不支持 Ajax！");
                                return false;
                        }
                }
        }
        xmlHttp.onreadystatechange=function()
        {
                if(xmlHttp.readyState==4)
                {
                        document.myForm.question.value=xmlHttp.responseText;
                }
        }
        xmlHttp.open("GET","http://localhost/aa/test.xml",true);
```

```
            xmlHttp.send(null);
    }
```

该段代码中的 onreadystatechange 事件响应函数只是将响应的文本显示在文本域中，这里是为了检测 test.xml 文档时可以被正确获取的。下面要编写 JS 程序产生新的题目和测试答案。

【步骤3】增加按钮"答好了，下一题"的 onclick 事件。

```
<input type="button" value="答好了，下一题" onclick="ajaxFunction()">
```

修改以上的 JS 代码，实现判断回答是否正确和显示下一题。

设全局变量 qn=0，表示下面要显示第几题。修改上面的 onreadystatechange 事件响应函数。

首先获得返回的 XML 文档中的<q>所包含的问题数组 questions 和<a>所包含的答案数组 answers。然后判断 qn 是否小于题目的总个数，如果小于，又不是第 0 题，则首先判断答案文本框的值是否为 answers 数组中相应的答案相同，给出正确与否的结论。显示当前 qn 表示的题目，qn 增加 1。代码如下：

```
qn=0;//一开始做第0题
    function ajaxFunction()
    {
            var xmlHttp;
            try {       // Firefox, Opera 8.0+, Safari
                    xmlHttp=new XMLHttpRequest();
            } catch (e) {       // Internet Explorer
                    try {
                            xmlHttp=new ActiveXObject("Msxml2.XMLHTTP");
                    } catch (e){
                            try {
                                    xmlHttp=new ActiveXObject("Microsoft.XMLHTTP");
                            }catch (e){
                                    alert("您的浏览器不支持 Ajax！");
                                    return false;
                            }
                    }
            }
            xmlHttp.onreadystatechange=function()
            {
                    if(xmlHttp.readyState==4)
                    {
//document.myForm.time.value=xmlHttp.responseText;
                            questions=xmlHttp.responseXML.getElementsByTagName("q");
                            answers=xmlHttp.responseXML.getElementsByTagName("a");
                            if (qn<questions.length)
                            {
```

```
                              if(qn!=0)
                              {
if(document.myForm.answer.value==answers[qn-1].firstChild.nodeValue)
                                        alert("正确");
                                    else
                                        alert("错误");
                              }

document.myForm.question.value=questions[qn].firstChild.nodeValue;
                                    qn++;
                              }
                                else
                                    document.myForm.question.value="最后一题";

                            }
                          }
                          xmlHttp.open("GET","http://localhost/aa/test.xml",true);
                          xmlHttp.send(null);
                      }
```

8.4 本章小结

　　Ajax 并不是一门新的语言或技术，它是 JavaScript、XML、CSS、DOM 等多种已有技术的组合。之前 JavaScript 总是运行在客户端的，而客户端要与服务器端进行交流必须要提交表单，用了 Ajax 技术之后，JavaScript 使用内置对象 XMLHttpRequest 在不提交表单的情况下与 Web 服务器实现通信。尽管 XMLHttpRequest 不是 DOM 标准的一部分，但是 IE、Firefox 以及其他流行的浏览器都对该对象提供了支持。该技术也称远程脚本技术。

第 9 章 "我的淘宝"网页特效实现

本章将介绍制作一个"我的淘宝"系列网页项目,实现商业网站常用的特效。通过将所学的知识贯穿到整个项目中,达到巩固和复习的目的。

教学导航

技能目标	1. 漂浮广告 2. 图片轮换 3. 二级菜单 4. 树形菜单 5. 表单验证 6. 卡片切换 7. 级联选择 8. 即时提醒 9. 幻灯片播放 10. "全选"功能 11. 悬浮层实现"地点选择"
教学方法	实训
课时建议	8 课时

9.1 案例描述

"我的淘宝"系列网页特效制作。网页美观大方,实现相应的特效,方便用户使用和增加网页"吸引力"。该项目实现如下网页:

1. 网站首页
2. 会员登录
3. 会员注册
4. 个人账号管理
5. 宝贝买卖
6. 购物车

9.2 网站首页

9.2.1 广告图片的渐隐渐现

首页的广告有渐隐渐显的效果,网页打开后,图片从模糊变清晰,再渐渐模糊,如此循环。

在图片上加入如下样式和 ID 属性：

```
<img id="adv" src="1.JPG" width="305" height="303" style="filter:alpha(opacity=100)"/>
```

用全局变量 b 表示清晰度，c 表示变清晰还是变模糊的标记位。

```
var b=10;
var c=true;
function flash()
{
    if(c)//c 为真表示要变清晰
        b++;
    else
        b--;
    if(b==100)//最清晰时，变模糊，改变 c 为假
    {
        b--;
        c=false;
    }
    if(b==10)//10 为最模糊值，当清晰度为 10，变清晰，改变 c 为 true
    {
        b++;
        c=true;
    }
    document.getElementById("adv").filters.alpha.opacity=0+b;
    setTimeout("flash()",50);
}
```

9.2.2 带"关闭"的滚动广告

首页有两个漂浮广告，其中一个是带"关闭"按钮跟随滚动条滚动的广告。其关键代码如下。

广告层代码：

```
<div id="advLayer" style="position:absolute; right:30px; top:100px; width:86px; height:81px; z-index:1"><img src="images/index adv.jpg" width="85" height="80" border="0"></div>
```

关闭层代码：

```
<div id="closeLayer" onclick="closeMe( )" style="position:absolute;right:40px;top:80px;width:54px;height:15px;z index:2;"><font color="#CCCCCC" style="font size:12px" face="黑体">关闭</font></div>
```

浮动广告滚动脚本如下：

```javascript
<script language="javascript">
    var advlnitTop=0;
    var closelnitTop=0;
function inix()
{
    advlnitTop=document.getElementById("advLayer").style.pixelTop;
    closelnitTop=document.getElementById("closeLayer").style.pixelTop;
}
function move()
{
    document.getElementById("advLayer").style.pixelTop=advlnitTop+document.body.scrollTop;
document.getElementById("closeLayer").style.pixelTop=closelnitTop+document.body.scrollTop;
}
function closeMe()
{
    document.getElementById("closeLayer").style.display="none";
    document.getElementById("advLayer").style.display="none";
}
    window.onscroll=move; //窗口的滚动事件，当页面滚动时调用//move( )函数
    window.onload=inix();
</script>
```

9.2.3 随意漂浮的广告

另一个广告是在页面上斜向漂浮，当漂浮到窗口的边框时再往另外的方向漂浮。首先插入广告漂浮层，将 CSS 放入到 div 之内。

广告层代码：

```html
<div id="fly" style="position:absolute;z-index:3;"><img src="images/lady_0007.jpg" width="250px" height="120px" ></div>
```

用 x, y 记录浮动广告的初始位置。用 xin 和 yin 分别表示广告移动的方向，如果 xin 为真则表示向右运动，否则向左运动；yin 为真向下运动，否则向上运动。step 表示移动的距离，delay 表示移动的时间间隔，时间越短，移动的频率越高。响应 onload 事件，调用函数 floatAD()。该函数中，首先设 L=T=0 表示左边界和上边界，R 获得层移动的右边界，B 获得层移动的下边界。然后使广告层的左、上边界为 x, y。改变 x。根据 xin 的真假决定 x 是增加还是减少。y 也类似地改变。判断新的 x、y 是否到达左、右、上、下边界，如果到了则通过改变 xin 和 yin 实现反方向运行。再通过 setTimeout 方法实现定时重复调用。

不定向飘动代码：

```javascript
<script language='JavaScript'>
```

```
    var x = 50,y = 60;    //浮动广告初始位置
    var xin = true, yin = true;   //xin 为真向右运动，否则向左，yin 为真向下  //运动，否则向上运动
    var step = 1;    //移动的距离
    var delay = 10;    //移动的时间间隔
    function floatAD() {
        var L=T=0;                //L 左边界，T 上边界
        var R= document.documentElement.offsetWidth-document.getElementById("fly").offsetWidth;   //层移动的右边界
        var B= document.documentElement.offsetHeight-document.getElementById("fly").offsetHeight;   //层移动的下边界
        document.getElementById("fly").style.pixelLeft = x;    //层移动后的左边界
        document.getElementById("fly").style.pixelTop = y;    //层移动后上边界
        x = x + step*(xin?1:-1);        //判断水平方向
        if (x < L) { xin = true; x = L;}    //到达边界后的处理
        if (x > R){ xin = false; x = R;}
        y = y + step*(yin?1:-1);
        if (y < T) { yin = true; y = T;}
        if (y > B) { yin = false; y = B;}
            //隔多长时间调用一次
        setTimeout("floatAD()", delay)
    }
    window.onload=floatAD();    //页面载入时，调用 floatAD()函数，随机漂浮广告
</SCRIPT>
```

9.2.4 鼠标移入标题"跳动"

鼠标移入到"淘宝网"，则"淘宝网"字体渐变小，再渐变大回原来尺寸，像在"跳动"。鼠标移出则"淘宝网"变回原来字体大小。

span 标记有一个重要而实用的特性，即它什么事也不做，它的唯一作用就是围绕 HTML 代码中的其他元素，这样就可以为它们指定样式了。

span 元素被加入到 HTML 中以允许网页制作者给出样式，但无需附加在一个 HTML 的结构元素上。span 在样式表中作为一个选择符使用，而且它也能接受 style、class 和 ID 属性。

首先添加一个 span。

```
<h1><span id='title' style="font-size:50px; color:#FF0000" onmouseover="over=1;jump()" onmouseout="over=0;jumpstop()">淘宝网</span>
</h1>
```

在代码中放入如下全局变量：

```
var size=50;//标题目前的大小
```

```
var shrink=true;//真表示变小，假表示变大
var over=0;//0 表示鼠标离开，1 表示鼠标在标题上
var title=document.getElementById("title");//获得标题
```

再加入函数 jump 和 jumpstop。

```
function jump()
{
    if(over==1)//现在鼠标未离开,继续跳
    {
        if(size==20)//当标题变成 20px,不再变小,而是将变大
            shrink=false;
        if(size==50)//当标题变成 50px,则不再变大了,而是将变小
            shrink=true;
        if(shrink)
            size--;
        else
            size++;
        title.style.fontSize=size+"px";
        setTimeout("jump()",50);
    }
}
function jumpstop()
{
    //鼠标移走了，停止跳动
    if(size<50)//如果此时标题没有回到 50px 大小，则让它恢复 50。
    {
        size++;
        title.style.fontSize=size+"px";
        setTimeout("jumpstop()",50);
    }
}
```

9.2.5 使用 cookie 弹出欢迎对话框

cookie 是存储于访问者的计算机中的变量。每当同一台计算机通过浏览器请求某个页面时，就会发送这个 cookie。可以使用 JavaScript 来创建和取回 cookie 的值。

有关 cookie 的例子有名字 cookie，密码 cookie，日期 cookie。其原理就是首次访问网站时将一些信息存储在 cookie 中，等下次登录的时候，读取 cookie，可以得到上回登录的信息。

本例子弹出用户第一次登录时填入的昵称和访问日期，如图 9-1 所示。

图 9-1 cookie 的欢迎提示

每个 cookie 都是一个名-值对，可以把下面这样一个字符串赋值给 document.cookie：
document.cookie="userId=828";

如果要一次存储多个名-值对，可以使用分号加（;）空格隔开，例如：
document.cookie="userId=828; userName=hulk";

在 cookie 的名或值中不能使用分号（;）、逗号（,）、等号（=）以及空格。在 cookie 的名中做到这点很容易，但要保存的值是不确定的。方法是用 escape()函数进行编码，它能将一些特殊符号使用十六进制表示，例如空格将会编码为"20%"，从而可以存储于 cookie 值中，而且使用此种方案还可以避免中文乱码的出现。例如：
document.cookie="str="+escape("I love ajax");

相当于： document.cookie="str=I%20love%20ajax";

当使用 escape()编码后，在取出值以后需要使用 unescape()进行解码才能得到原来的 cookie 值。

尽管 document.cookie 看上去就像一个属性，可以赋予不同的值，但它和一般的属性不一样，改变它的赋值并不意味着丢失原来的值，例如连续执行下面两条语句：

document.cookie="lasttime=812";

document.cookie="username=xyz";

这时浏览器将维护两个 cookie，分别是 lasttime 和 username。

有了这些基础，我们可以创建一个可在 cookie 变量中存储变量的函数：

```
function setCookie(c_name,value,expiredays)
{
var exdate=new Date()
exdate.setDate(exdate.getDate()+expiredays)
document.cookie=c_name+ "=" +escape(value)+
((expiredays==null) ? "" : ";expires="+exdate.toGMTString())
}
```

其中 c_name 表示要存储的变量名，比如"username"，value 表示要存储的值；比如"彩色贝壳"，expiredays 表示过期时间；比如 10 表示 10 天后该 cookie 过期。exdate.toGMTString()会将日期转换为格林威治标准时的字符串。

再创建一个获取变量的函数：

```
function getCookie(c_name)
{
if (document.cookie.length>0)
  {
```

```
    c_start=document.cookie.indexOf(c_name + "=")
    if (c_start!=-1)
      {
      c_start=c_start + c_name.length+1
      c_end=document.cookie.indexOf(";",c_start)
      if (c_end==-1) c_end=document.cookie.length
      return unescape(document.cookie.substring(c_start,c_end))
      }
    }
  return ""
  }
```

假设参数 c_name 为"username",该函数先检查 cookie 是否有值,有值的情况下,查找是否有"username=**"这样的字符串存在,如果有则将"="和";"之间的值返回,如果没有则返回空,表示 Cookie 中没有 username 变量。

最后创建一个函数。这个函数的作用是:如果 cookie 已设置了变量 username,则提取出 username 的值和 lasttime 的值,显示欢迎词"欢迎再次光临××,您上次访问时间是×月×日",并且更换 cookie 中 lasttime 的值为新打开页面时间,否则显示提示框来获得用户输入的昵称,存入 cookie,再获得该次打开页面的时间,也存入 cookie。过期期限是 10 天,也就是 cookie 在 10 天后失效。

```
function checkCookie()
{
username=getCookie('username')
if (username!=null && username!="")
  {
  lasttime=getCookie('lasttime');
  alert('欢迎再次光临 '+username+'!'+'您上次访问的时间是:'+lasttime);
  var lasttime=new Date();
  lasttime=lasttime.getMonth()+'月'+lasttime.getDate()+'日';
  setCookie('lasttime',lasttime,10);
  }
else
  {
  username=prompt('请输入您的昵称:',"")
  if (username!=null && username!="")
    {
    var lasttime=new Date();
    lasttime=lasttime.getMonth()+'月'+lasttime.getDate()+'日';
    setCookie('lasttime',lasttime,10);
    setCookie('username',username,10)
```

        }
    }
}
```

查找 cookie 中是否有 username 变量，如果有则再获得 cookie 中的 lasttime 变量，弹出提示语句。否则弹出对话框获取登录者的昵称，保存在 cookie 中，再获得当前日期保存在 cookie 中。

将上面的代码组合就可以得到 cookie 欢迎效果。

### 9.2.6　二级菜单

实现如图 9-2 所示的二级菜单。首先使用两行六列的表格。第一行放一级菜单，第二行在相应的格子里放入二级菜单的层，比如"我要买"下面的格子里，放入悬浮层，ID 改为"s3"，class 设为"listdiv"，层里放入"针织衫"、"春季单鞋"、"春装新款"、"冬装清仓"。

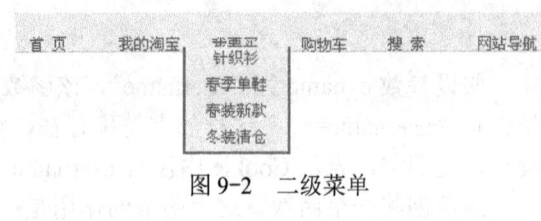

图 9-2　二级菜单

在层的样式中添加：

```
<style type="text/css">
<!--
.listdiv {
background-color:#CCCCFF;
    position:absolute;
    z-index:1;
    display:none;
    width:160px;
}
-->
</style>
```

在脚本中加入如下代码：

```
<script language="javascript">
function show( d )
{
document.getElementById(d).style.display="block";
}
function hide( d )
{
document.getElementById(d).style.display="none";
}
</script>
```
```

在菜单里加入如下代码：

```
<td onmouseover="show('s3')" onmouseout="hide('s3')">我要买</td>
```

在二级菜单"S3"里加入：

```
<td><div class="listdiv" id="s3" onmouseover="show('s3')"  onmouseout="hide('s3')" >
    <p>针织衫</p>
    <p>春季单鞋</p>
    <p>春装新款</p>
    <p>冬装清仓</p>
</div></td>
```

其他的二级菜单以此重复。

9.2.7 层的切换

实现如图 9-3 所示的卡片切换效果。将表格的上方放入"公告"、"论坛"、"规则"、"安全保障"和"公益"这些超链接。下层放入相应的"公告"层、"论坛"层、"规则"层、"安全保障"层和"公益"层，其 ID 为 s1～s5。可以直接用<div>标记，不需要悬浮层。初始的时候让第一个"公告"层 display="block"，其余的层 display="none"。

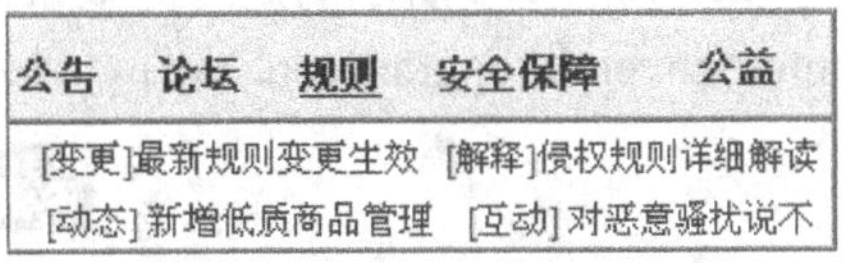

图 9-3 卡片切换效果

在"公告"超链接上加入如下代码：

```
<a onmouseover="show('1')">公告</a>
```

在脚本中加入如下代码：

```
function showCard ( showid )
{
for(var i=1;i<=5;i++)
    if( i==showid)
        document.getElementById("s"+i).style.display="block";
    else
        document.getElementById("s"+i).style.display="none";
}
```

9.2.8 图片轮换

在首页上实现图片轮换的效果。每隔一段时间显示下一张图。

设置全局变量 NowFrame 用来存储当前在显示的图片的号，MaxFrame 用来存储最多能存储的图片数。当页面加载事件 onload 发生时调用 adv()。

```
<script language="javascript">
var NowFrame=1;   //全局变量，轮换显示图片的第一张
```

```
var MaxFrame=5;    //全局变量，轮换显示图片的最大张数
function adv(){
    document.getElementById(NowFrame).style.display="none";
NowFrame=NowFrame+1;
    if(NowFrame>MaxFrame)     //设置下一张显示的图片
        NowFrame=1;
document.getElementById(NowFrame).style.display="block";
    setTimeout('adv()',2000);    //设置定时器，显示下一张图片
}
window.onload=adv();    //当页面载入时，调用 adv()函数
</script>
```

9.2.9 走马灯效果

实现如图 9-4 所示的走马灯效果。走马灯效果可以直接用< marquee >实现。在其中加入 onmouseover 和 onmouseout 事件，使走马灯可以停止和重新开始。

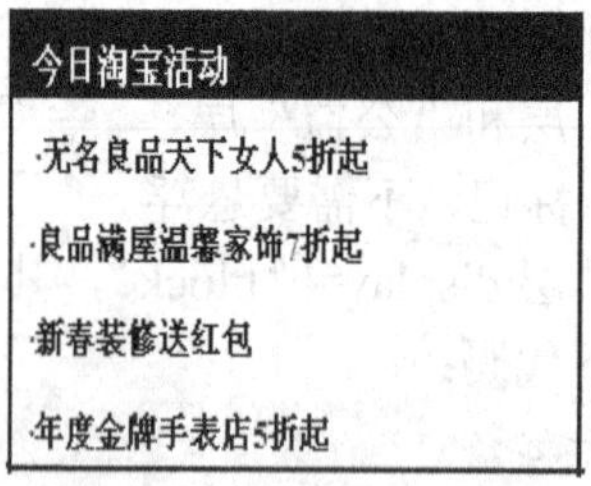

图 9-4 走马灯效果图

走马灯效果代码：

```
    <marquee    height="180"    direction="up"    onmouseover="this.stop()"    onmouseout="this.start()"
scrollamount="1" style="font-size:15px;
    color:#910000; font-weight:bold">
           • 春季车品促销 50%off<BR><br />
           • 开学数码准备  包邮<BR><br />
           • 白色情人节 满99 包邮<BR><br />
           • 淘妆女郎 VIP 专享价<BR><br />
           • 数码很给力红包 50W<BR><br />
           • 无名良品天下女人 5 折起<br><br />
           • 良品满屋温馨家饰 7 折起<BR><br />
           • 新春装修送红包<BR><br />
           • 年度金牌手表店 5 折起<BR><br />
           • 名鞋馆开学特卖
    </marquee>
```

9.2.10 根据面值修改充值售价

在单击"100元"、"50元"的单选框时实现售价的改变,在更换多选框中的选项时,也更改售价。效果如图9-5所示。

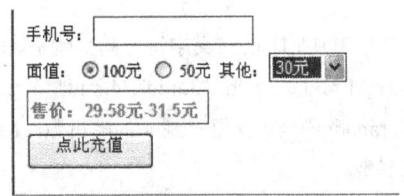

图9-5 根据面值实现售价自动改变

在单选框"100元"和"50元"内加入如下代码:

```
<input type="radio" name="radiobutton" value="100" onclick="changeprice(this.value)"/>100 元
<input type="radio" name="radiobutton" value="50" onclick="changeprice(this.value)"/>50 元
```

在脚本中加入如下代码:

```
function changeprice(fullprice)
{
    lowrealprice=fullprice*0.95;
    toprealprice=fullprice*0.99;
    document.getElementById('price').innerHTML="售价: "+lowrealprice+"-"+toprealprice+"元";
}
```

在其他选项中加入如下语句:

```
<select
name="select"
onchange="changeprice(this.value)">
<option value="30">30 元</option>
<option value="80">80 元</option>
<option value="200">200 元</option>
<option value="300">300 元</option>
<option value="400">400 元</option>
</select>
```

9.2.11 随机播放背景音乐

网站往往追求"声情并茂"的效果,背景音乐是常用的手段之一。本效果可以实现每次打开网页可以随机播放音乐。

响应 onload 事件调用函数 playsound。soundlocation 用来存储存放音乐的文件夹,soundarray 是数组,里面存储音乐名称,用 x 获得 1~4 之间的随机数,sound=soundlocation+soundarray[x] 可以获得类似"midi\2.mid"这样的字符串,就是音乐的地址。该处使用的背景音乐格式是.mid

文件，所以可以省略检测插件的 try 语句。检查浏览器类型，如果是微软 IE，就写入背景音乐<bgsound>标记；如果不是，就写入插件标记<embed>。

```
<script language="javascript">
function playsound()
{
    var soundlocation="midi\\";//其中\\是\的转义字符，其实就是"midi\"
    var soundarray=new Array("1.mid","2.mid","3.mid","4.mid","5.mid");
    var x=Math.round(Math.random()*4)//获得 0 到 4 的随机数，Math.random()是获得 0～1 之间的随机数，Math.round()是四舍五入取整
    if(x==0) x=5;//x 的取值范围是 1～4。
    sound=soundlocation+soundarray[x];
    if(navigator.appName=="Microsoft Internet Explorer")
        document.write('<bgsound src='+'"'+sound+'"'+' loop="infinite">');
    else
        document.write('<embed src='+'"'+sound+'"'+'hidden="true" autostart="true" loop="true">');
}
</script>
<body onload="playsound()">
</body>
```

9.3　会员登录

9.3.1　账号和密码验证

对账户名的检测为：不能为空，由字母和数字或下划线组成。

对密码的检测为：不能为空，多于 6 位。账号和密码验证如图 9-6 所示。

图 9-6　账号和密码验证

在表单中加入如下代码：

```
<form name="myform" action="Logincheck.html" onsubmit="return checkLogin()"></form>
```

脚本代码：

```
function checkLogin(){
    if(document.myform.username.value.length==0)
    {
        alert("请输入账户名！");
        document.myform.username.focus();
        return false;
    }
    if(document.myform.pwd.value.length==0)
    {
        alert("请输入密码！");
        document.myform.pwd.focus();
        return false;
    }
    return true;
}
```

9.3.2 CSS 样式特效

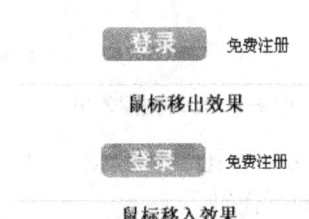

图 9-7 图片按钮的鼠标移入移出特效

细边框的文本框、图片按钮实现鼠标移入移出效果，如图 9-7 所示。

样式表中加入两种样式：

```
.mouseOutStyle{
        background-image:url(images/login1.jpg);
        width:80px;
        height:25px;
        overflow:hidden;
        border:0;
        }
.mouseOverStyle{
        background-image:url(images/login2.jpg);
        width:80px;
```

```
                height:25px;
                overflow:hidden;
                border:0;
            }
```
在按钮中加入如下代码:
```
<input
name=Button
type="button"
class="mouseOutStyle"
value="登录"
onmouseover="this.className='mouseOverStyle'"
onmouseout="this.className='mouseOutStyle'">
```

9.4 会员注册

9.4.1 即时提醒

密码要求不为空，不少于 6 位，符合条件提示"您填写的密码是合法的"，重复密码要求不为空，如图 9-8 所示。

图 9-8 即时提醒效果

在文本框后面布局<div>标记，第一个 ID 为"fpwd"，另一个 ID 为"frepeatpwd"。在"密码"和"重复密码"框里分别加入如下代码:
```
<input name="psw" type="password"   class="register-input" onblur="checkpwd(psw)" />
<input name="repeatpsw" type="password" class="register-input" onblur="checkrpwd(psw,repeatpsw)" />
```
在脚本里加入如下代码:
```
function $(name)
{ return document.getElementsByName(name)[0];   }
function checkpwd(pwd){
    var infpwd=$("fpwd");
    if(pwd.value==""){
        infpwd.innerHTML="   请输入密码!"
        return false;
    }
    if(pwd.value.length<6){
        infpwd.innerHTML="   请输入不少于 6 位的密码!"
```

```
            return false;
        }
        infpwd.innerHTML = "  您填写的密码是合法的！";
        return true;
}
function checkrpwd(pwd,rpwd){
var infrepwd=$("frepeatpwd");
if(rpwd.value==""){
infrepwd.className="font_error"
infrepwd.innerHTML="  请输入确认密码!"
return false;
}
if(pwd.value!=rpwd.value){
infrepwd.className="font_error"
infrepwd.innerHTML="  两次输入的密码不一致，请重新输入!"
return false;
}
            infrepwd.innerHTML = "  请牢记您输入的密码！";
            return true;
}
```

9.4.2 单击"查看"显示"协议"

初始状态时不显示协议，按钮为"单击查看协议"。单击按钮，协议内容显示，按钮变成"隐藏协议"，如图9-9所示。

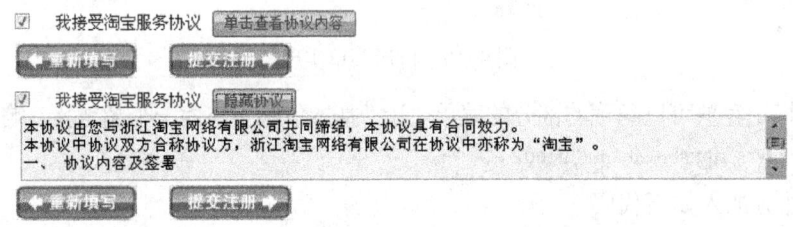

图9-9 查看协议

首先布局<div>标记，注意不需要漂浮的层。按钮名为"btn1"，层的 ID 为"div1"，初始状态为隐藏 style.display="none"。按钮的单击事件调用 showdiv 方法。showdiv 方法的代码如下：

```
function showdiv()
{
    var a=document.getElementById("btn1").value;
    if(a=="隐藏协议"){
```

```
            document.getElementById("div1").style.display="none";
            document.getElementById("btn1").value="单击查看协议内容";
    }
        else{
            document.getElementById("div1").style.display="block";
            document.getElementById("btn1").value="隐藏协议";}
}
```

9.5 个人账号管理

9.5.1 树形菜单特效

实现树形菜单，比如单击"基本资料"，可以展开"基本个人信息"、"密码管理"、"安全保护问题"等子菜单，如图9-10所示。

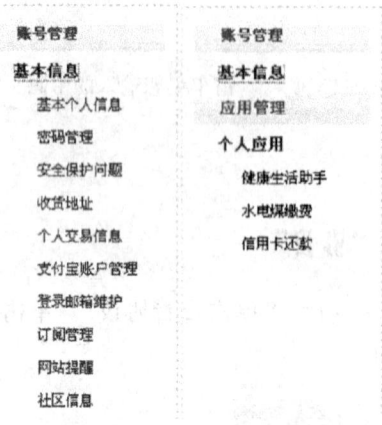

图9-10 树形菜单实现

用<div>标记存放可以隐藏的部分的菜单。让"基本信息"作为一个超链接，响应单击事件：
    <a href="javascript:showmenu('menu2') "> </a>
在脚本部分加入如下代码：

```
<!--树形菜单-->
function showinfo(menuid){
if(document.getElementById(menuid).style.display=='none'){
        document.getElementById(menuid).style.display="block";
} //如果触动的层处于隐藏状态，则显示
else{
document.getElementById(menuid).style.display="none";    //如果触动的层处于显示状态，则隐藏
    }
}
```

9.5.2 级联选择

在居住地的第一个文本框选择好省份,则第二个文本框自动显示相应的城市,如图 9-11 所示。

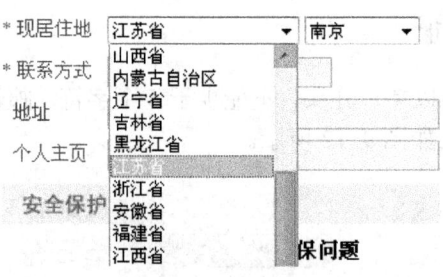

图 9-11 省市级联选择

放入两个列表,第一个中放入选项,选项 option 中放入省份,在相应的 option 的 value 里面也写入省份;第二个列表中放入 option "请选择城市"。代码如下:

```
<select name="selProvince"    onchange="changeProvince( )">
<option>--请选择学期--</option>
<option value="江苏">江苏</option>
<option value="浙江">浙江</option>
<option value="北京">北京</option>
</select>
<select name="selCity">
         <option>--请选择城市--</option>
</select>
```

在脚本中设全局变量用来存放省份和城市的对应关系,使第一个列表响应 onchange 事件 "onchange="changeProvince( )"; "。

```
<script language="JavaScript" >
    var pcList = new Array( );
   pcList['江苏'] = ['南京', '苏州', '淮安', '常州'];
    pcList['浙江'] =['杭州', '宁波'];
   pcList['北京'] = ['北京'];
function changeProvince( )
{
    var pIndex=document.myform.selProvince.value;
    var newOption1;
    document.myform.selCity.options.length=0;
    for (var j in pcList[pIndex])
    {
        newOption1=newOption(pcList[pIndex][j], pcList[pIndex][j]);
```

```
            document.myform.selCity.options.add(newOption1);
    }
  }
</script>
```

9.5.3 会员名和邮箱验证

会员名不能为空，必须以字母开头，不能少于 6 个字符。邮箱必须含有"@"，否则提交不成功，且弹出错误提示，如图 9-12 所示。

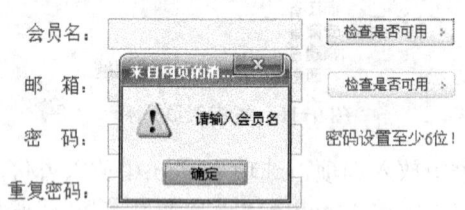

图 9-12 会员名和邮箱验证

让表单响应 onsubmit 事件：

```
<form name="myform" action="checkuser.html" onsubmit="return checkAll()"></form>
```

checkAll()负责调用 checkuser()和 checkemail()验证用户名和电子邮件。如果两次验证都返回 true，则验证通过，否则不通过。在脚本中加入如下代码：

```
function checkAll()
{
    if (checkuser(document.myform.user)&&checkemail(document.myform.email))
        return true;
    else
        return false;
}
<!--会员名验证-->
function checkuser(username){
    var  reg= /^[A-Za-z]+$/;
    if(username.value==""){
        alert("请输入会员名");
        username.focus();
        return false;
    }
    else if(!reg.test(username.value.charAt(0))){
```

```
                alert("会员名必须以字母开头");
                username.focus();
                return false;
            }
            else if(username.value.length<6){
                alert("会员名不能少于 6 个字符");
                username.focus();
                return false;
            }
            else{
                return true;
            }
        }
        <!--电子邮件地址验证-->
        function chemail(email){
          if(email.value.indexOf('@',0)==-1){
                alert("请输入正确的电子邮件地址");
                email.focus();
                return false;
            }else{
                window.open("checkmail.html","","height=120,width=300,toolbar=no, menubar=no, scrollbars=no,resizable=no)
            }
        }
```

9.6 宝贝展示和买卖

9.6.1 幻灯片播放效果

在店铺的首页可以实现一个幻灯片播放效果,展示"新上宝贝"。由于其代码较长,且在 6.4.3 节中详细讲解过了,这里不再赘述。

9.6.2 快速选择发货省份

实现如图 9-13 所示的快速选择发货地址。先布局一个表格,表格内为超链接,初始值为"江苏"。超链接下面放置一个悬浮层,超链接和悬浮层都响应 onmouseover 和 onmouseout 事件。

JavaScript 网页特效案例教程

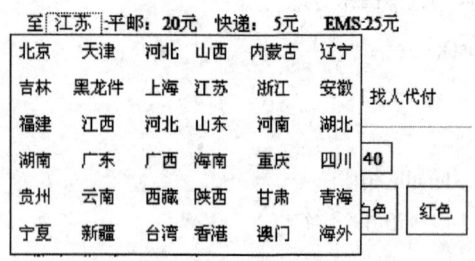

图 9-13　快速选择发货地址

```
<td bordercolor="#ECE9D8" onmouseover="showPlace('show')" onmouseout="showPlace('hidden')">
<div align="left">
        <p><a  id="selected" href="#" >江苏</a></p>
        <div  id="Place"   onmouseover="showPlace('show')" onmouseout="showPlace('hidden')">
        …..</div>
</td>
```

层的样式表：

```
<style type="text/css">
<!--
#Place {
     position:absolute;
     width:200px;
     height:115px;
     z-index:1;
     background-color: #CCCC66;
     display:none;
}
-->
</style>
```

代码中加入 showPlace();可以实现地点层的显示和隐藏。

```
function showPlace(f)
{
    if(f=="show")
         document.getElementById("Place").style.display="block";
    else
         document.getElementById("Place").style.display="none";
}
```

然后在层内放入表格，表格内放入超链接：

```
<a href="javascript:selectPlace('浙江')">浙江</a>
```

```
function selectPlace(place)
{
        document.getElementById("selected").innerHTML=place;//将超链接的文本改成新选择的地址
showplace("hidden");//选好之后隐藏地址选择层
   }
```

9.7 购物车

9.7.1 全选购物车里的宝贝且改变价格

购物车全选工具如图 9-14 所示。

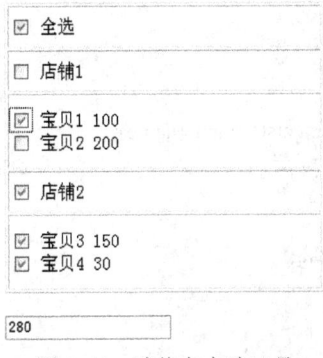

图 9-14 购物车全选工具

需要实现的功能有：
1）单击某店铺时，该店铺所有的宝贝全选。
2）单击总的"全选"时，所有的宝贝全选。
3）取消某个店铺时，取消"全选"。
4）取消某个宝贝，取消该宝贝对应店铺的选择。无论哪种方式选中宝贝，商品总价发生改变。

首先布局页面。对于每一个宝贝前面的多选框，其 value 是对应宝贝的价格。

每个店铺的宝贝对应的多选框的名字相同。比如说宝贝 A 和宝贝 B 都属于店铺 shop1，那么宝贝 A 和宝贝 B 前面的多选框的 name 就为 shop1。

在同一个购物车里面的所有的店铺的前面的多选框的 name 为 cart。

代码如下：

```
<input type="checkbox" name="cart" value=" cart " onclick="selectAll(this)"/> 全选
<input type="checkbox" name=" cart " value="shop1" onclick="selectAll(this)"/> 店铺 1
<input type="checkbox" name="shop1" value="100" onclick="calPrice(this.value,this.checked)"/> 宝贝 1 100
<input type="checkbox" name="shop1" value="200" onclick="calPrice(this.value,this.checked)" />宝贝 2 200
```

```html
<input type="checkbox" name="car" value="shop2" onclick="selectAll(this)" />店铺 2
<input type="checkbox" name="shop2" value="150" onclick="calPrice(this.value,this.checked)"/>宝贝 3 150
<input type="checkbox" name="shop2" value="30" onclick="calPrice(this.value,this.checked)" />宝贝 4 30
<input type="text" name="price" />//存放价格
```

在"全选"、店铺 1 和店铺 2 前面的多选框响应 onclick 事件："onclick="selectAll(this)"; "。每个宝贝前面的多选框响应 onclick 事件："onclick="calPrice(this.value,this.checked)"; "。在脚本中加入如下代码：

```javascript
<script language="javascript">
function selectAll(com)
{
    name=com.value;
    flag=com.checked;
    var group=document.getElementsByName(name);
    for(var i=0;i<group.length;i++)
    {
        if(group[i].checked!=flag)
            group[i].click();
    }
}
function calPrice(price,flag)
{
    var allprice=0;
    var tex=document.form1.price.value;
    if(!tex=="")
        allprice=parseFloat(tex);
    if(flag)
        allprice=allprice+parseFloat(price);
    else
        allprice=allprice-parseFloat(price);
    document.form1.price.value=allprice;
}
</script>
```

9.7.2 单击"结算"弹出模式窗口

单击结算时弹出模式窗口填写发货地址，如图 9-15 所示。

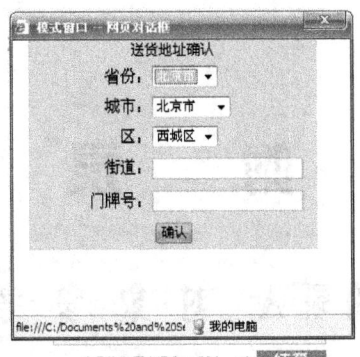

图 9-15 模式窗口填写发货地址

onclick 事件调用函数如下。address 可以获取模式窗口中的返回值：

```
function openWindow(){
    var ddress=window.showModalDialog("address.html","","dialogWidth=340px;dialogHeight=270px");
    document.myform.address.value=address;
}
```

在弹出的 address.html 中布局如图 9-15 所示的文本框和列表。"确认"按钮响应 onclick 事件。函数代码如下：

```
//address.html 代码
var province=document.myform.province.value;
var city=document.myform.city.value;
var area=document.myform.area.value;
var street=document.myform.street.value;
var number=document.myform.number.value;
window.returnValue=province+city+area+street+number;
window.close();
```

附　录

附录A　对象参考

附录A提供如下对象的参考：
JavaScript 对象
Browser 对象
HTML DOM 对象

1．JavaScript 对象参考

Array
Boolean
Date
Math
Number
String
RegExp
Global

2．Browser 对象参考

Window
Navigator
Screen
History
Location

3．HTML DOM 对象参考

Document
Anchor
Area
Base
Body
Button
Canvas
Event
Form

Frame

Frameset

IFrame

Image

Input Button

Input Checkbox

Input File

Input Hidden

Input Password

Input Radio

Input Reset

Input Submit

Input Text

Link

Meta

Object

Option

Select

Style

Table

TableCell

TableRow

Textarea

附录 B　JavaScript 资源

1．http://www.w3cschool.cn/

W3CSchool 是因特网上最大的 Web 开发者资源。它是完全免费的、非盈利性的，并且一直在升级和更新。W3CSchool 是 W3C 中国社区成员，致力于推广 W3C 标准技术。

2．http://javascript.com/

里面提供大量特效代码，还提供各种手册，如 CSS 手册、JQuery 手册、HTML 手册、DHTML 手册、Ajax 手册、JavaScript 手册等。

3．http://www.webreference.com/

提供关于 Web 技术（从 Java 到插件技术）的信息和文章。

4．调试工具

（1）Firefox 的 Web Developer Extension。

（2）Mozilla 工程的 Venkman。

参 考 文 献

[1] 费拉纳提. JavaScript 权威指南[M]. 李强,等译. 5 版. 北京:机械工业出版社,2007.
[2] 胡恒. JavaScript 网页开发实例教程[M]. 北京:机械工业出版社,2002.
[3] 北大青鸟信息技术有限公司. JavaScript 客户端验证和网页特效制作[M]. 北京:科学技术文献出版社,2008.
[4] Michael Moncur. JavaScript 入门经典[M]. 王军,译. 4 版. 北京:人民邮电出版社,2007.
[5] 王征. JavaScript 网页特效实例大全[M]. 北京:清华大学出版社,2006.